Hábitos para mejorar tu VIDA

Romina Melo

Published by Romina Melo, 2024.

Tabla de Contenido

¡Despierta a tu mejor versión! 50 hábitos para transformar tu vida.

¿Te sientes estancado? ¿Anhelas una vida más plena y satisfactoria? La clave para alcanzar tus sueños reside en la adopción de hábitos poderosos. En este libro, te embarcarás en un viaje inspirador hacia la transformación personal, donde descubrirás 50 hábitos cuidadosamente seleccionados que impulsarán tu bienestar en todos los aspectos.

A través de estas páginas, te guiaré paso a paso para incorporar prácticas positivas en tu rutina diaria, desde mejorar tu salud física y mental hasta potenciar tu productividad y relaciones. Cada hábito te brindará las herramientas y estrategias necesarias para superar obstáculos, alcanzar metas y desatar tu máximo potencial.

¿Estás listo para dar un salto cuántico hacia la mejor versión de ti mismo?

¡Comienza hoy mismo tu viaje de transformación con este libro y descubre el poder ilimitado que reside en tu interior!

50 Hábitos para mejorar tu vida

Levantarse temprano.

Se dice que al que madruga, Dios le ayuda, y hay mucha ciencia que lo respalda. Levantarse temprano tiene múltiples beneficios para tu salud física y mental, tu productividad y tu bienestar general.

Aquí te presento algunos de los principales beneficios:

1. Mejora tu salud física:

Regula tu ritmo circadiano: La luz solar es el mejor despertador natural. Exponerte a ella al levantarte ayuda a regular tu reloj interno, lo que se traduce en un mejor sueño, más energía durante el día y un menor riesgo de sufrir enfermedades crónicas como la diabetes, la obesidad y algunos tipos de cáncer.

Te ayuda a tener una alimentación más saludable: Al tener más tiempo por la mañana, tienes la oportunidad de preparar un desayuno nutritivo y completo, lo que te dará la energía que necesitas para afrontar el día.

Favorece la actividad física: Levantarte temprano te da más tiempo para hacer ejercicio antes de comenzar tu jornada laboral o escolar. La actividad física regular te ayuda a mantener un peso saludable, fortalecer tus músculos y huesos, reducir el estrés y mejorar tu estado de ánimo.

2. Aumenta tu productividad:

Te da más tiempo para concentrarte: Las mañanas suelen ser más tranquilas y con menos distracciones, lo que te permite concentrarte mejor en tus tareas más importantes.

Te ayuda a establecer metas y lograrlas: Al comenzar tu día temprano, tienes más tiempo para planificar tu día y establecer metas realistas. Además, tendrás más energía para trabajar en ellas y lograrlas.

Te hace sentir más realizado: Completar tareas importantes por la mañana te da una sensación de logro que te motiva a seguir siendo productivo durante el resto del día.

3. Mejora tu salud mental:

Reduce el estrés y la ansiedad: Comenzar el día sin prisas y con tiempo para ti mismo te ayuda a reducir el estrés y la ansiedad.

Te ayuda a tener un estado de ánimo más positivo: Los estudios han demostrado que las personas que madrugan suelen ser más felices y optimistas que las que no.

Mejora tu memoria y tu capacidad de aprendizaje: La mañana es el momento del día en el que tu cerebro está más fresco y alerta, lo que te permite aprender y recordar información con mayor facilidad.

4. Te da más tiempo para ti mismo:

Disfruta de tus hobbies: Levantarte temprano te da tiempo para dedicarte a tus hobbies e intereses antes de que comience el ajetreo del día.

Pasa tiempo con tus seres queridos: Si tienes hijos, levantarte temprano te da tiempo para pasar tiempo con ellos antes de que vayan a la escuela. También puedes aprovechar para disfrutar de un desayuno tranquilo con tu pareja.

Cuídate a ti mismo: Puedes dedicar tiempo a actividades como leer, meditar o hacer yoga, que te ayudarán a relajarte y a sentirte mejor contigo mismo.

Recuerda que levantarse temprano no es para todos. Si eres una persona búho, es posible que te cueste mucho adaptarte a un horario matutino. Lo importante es encontrar un horario de sueño que te funcione y que te permita sentirte descansado y con energía durante el día.

Si estás pensando en comenzar a levantarte temprano, te recomiendo que:

Cambia tu horario de sueño gradualmente: No intentes levantarte una hora antes de golpe de un día para otro. Ve haciéndolo de 15 en 15 minutos hasta que te acostumbres.

Establezcas una rutina matutina: Una vez que te hayas acostumbrado a tu nuevo horario, establece una rutina matutina que te guste y que te ayude a comenzar el día con buen pie.

Exponte a la luz solar al levantarte: Esto ayudará a regular tu ritmo circadiano y te dará energía.

Haz ejercicio regularmente: La actividad física te ayudará a sentirte más despierto y con energía durante el día.

Come alimentos saludables: Una dieta equilibrada te dará la energía que necesitas para afrontar el día.

Acuéstate temprano: Es importante que duermas lo suficiente para que puedas sentirte descansado al día siguiente.

Levantar temprano puede ser un desafío al principio, pero los beneficios para tu salud física y mental son innegables. Si estás dispuesto a poner un poco de esfuerzo, te sorprenderás de lo mucho que puede mejorar tu vida.

Meditar diariamente.

La meditación, una práctica ancestral con múltiples beneficios para la salud física y mental, ha ganado popularidad en los últimos años gracias a la evidencia científica que respalda sus efectos positivos. Incorporar la meditación a tu rutina diaria puede ayudarte a transformar tu vida en diferentes aspectos.

A continuación, te presento algunos de los principales beneficios de la meditación diaria:

1. Reduce el estrés y la ansiedad:

Disminuye la producción de cortisol: La hormona del estrés, cortisol, se asocia con diversos problemas de salud. La meditación ayuda a reducir sus niveles, promoviendo una sensación de calma y bienestar.

Activa la respuesta de relajación: Al meditar, se activa el sistema nervioso parasimpático, responsable de la relajación y la recuperación del organismo. Esto se traduce en una disminución de la frecuencia cardíaca, la presión arterial y la tensión muscular.

Mejora el manejo de las emociones: La meditación te ayuda a desarrollar una mayor conciencia de tus emociones, permitiéndote observarlas sin juzgarlas y responder a ellas de manera más sana.

2. Mejora la salud mental:

Combate la depresión y la ansiedad: La meditación ha demostrado ser una herramienta efectiva para el tratamiento de la depresión y la ansiedad, incluso en casos moderados a severos.

Aumenta la felicidad y el bienestar: La práctica regular de la meditación te ayuda a cultivar una perspectiva más positiva de la vida, aumentando la felicidad, la satisfacción y la sensación de bienestar general.

Mejora la calidad del sueño: La meditación puede ayudarte a conciliar el sueño más fácilmente, a dormir más profundamente y a despertarte sintiéndote descansado.

3. Fortalece la función cognitiva:

Mejora la atención y la concentración: La meditación te ayuda a entrenar tu mente para enfocarte en el presente, mejorando la atención, la concentración y la memoria.

Aumenta la creatividad: La meditación puede ayudarte a desbloquear tu potencial creativo al fomentar el pensamiento divergente y la resolución de problemas de manera innovadora.

Mejora el aprendizaje: La meditación te ayuda a procesar la información de manera más eficiente, mejorando la capacidad de aprendizaje y retención de memoria.

4. Promueve el bienestar físico:

Reduce el dolor: La meditación ha demostrado ser efectiva para reducir el dolor crónico asociado a diversas condiciones como la artritis, el dolor de espalda y las migrañas.

Fortalece el sistema inmunológico: La meditación puede ayudar a fortalecer tu sistema inmunológico, haciéndote más resistente a las enfermedades.

Regula la presión arterial: La meditación puede ayudar a bajar la presión arterial en personas con hipertensión.

5. Fomenta el crecimiento personal:

Aumenta la autoconciencia: La meditación te ayuda a desarrollar una mayor comprensión de ti mismo, tus pensamientos, emociones y motivaciones.

Promueve la autoaceptación: La práctica regular de la meditación te ayuda a aceptarte tal como eres, con tus fortalezas y debilidades, fomentando la autoestima y la autocompasión.

Mejora las relaciones interpersonales: La meditación te ayuda a desarrollar mayor empatía, compasión y capacidad de escucha, mejorando tus relaciones con los demás.

Recuerda que la meditación es un proceso gradual que requiere práctica y paciencia. No te desanimes si al principio te cuesta concentrarte o si experimentas pensamientos intrusivos.

Con constancia y dedicación, podrás disfrutar de los numerosos beneficios que la meditación ofrece para tu salud física y mental, bienestar general y crecimiento personal.

Si estás interesado en comenzar a meditar, existen numerosos recursos disponibles para ayudarte a iniciar tu práctica. Puedes encontrar clases, talleres, aplicaciones y libros que te guiarán en el camino hacia una vida más plena y consciente.

Hacer ejercicio regularmente.

Beneficios de hacer ejercicio regularmente: Un camino hacia una vida más plena

Incorporar el ejercicio físico a tu rutina diaria no solo te ayudará a lucir mejor, sino que también te brindará múltiples beneficios para tu salud física y mental, bienestar general y calidad de vida.

A continuación, te presento algunos de los principales beneficios de hacer ejercicio regularmente:

1. Mejora tu salud física:

Controla tu peso: El ejercicio te ayuda a quemar calorías, lo que te permite mantener un peso corporal saludable o alcanzar tus objetivos de pérdida de peso.

Fortalece tus músculos y huesos: La actividad física regular te ayuda a desarrollar y fortalecer tus músculos, mejorando tu fuerza, resistencia y flexibilidad. Además, ayuda a prevenir la pérdida de masa ósea y reduce el riesgo de osteoporosis.

Reduce el riesgo de enfermedades crónicas: Hacer ejercicio regularmente puede ayudarte a prevenir o controlar enfermedades crónicas como enfermedades cardíacas, diabetes tipo 2, accidente cerebrovascular, algunos tipos de cáncer y presión arterial alta.

Mejora tu salud cardiovascular: El ejercicio fortalece tu corazón, mejora la circulación sanguínea y reduce la presión arterial, lo que disminuye el riesgo de enfermedades cardíacas.

Fortalece tu sistema inmunológico: La actividad física regular te ayuda a fortalecer tu sistema inmunológico, haciéndote más resistente a las enfermedades.

Regula los niveles de azúcar en la sangre: El ejercicio ayuda a regular los niveles de azúcar en la sangre, lo que es especialmente beneficioso para las personas con diabetes tipo 2.

Reduce el dolor: La actividad física puede ayudarte a reducir el dolor crónico asociado a diversas condiciones como la artritis, el dolor de espalda y las migrañas.

Mejora tu calidad del sueño: Hacer ejercicio regularmente te ayuda a conciliar el sueño más fácilmente, a dormir más profundamente y a despertarte sintiéndote descansado.

2. Mejora tu salud mental:

Reduce el estrés y la ansiedad: El ejercicio libera endorfinas, que tienen un efecto calmante y reducen los niveles de cortisol, la hormona del estrés. Esto te ayuda a sentirte más relajado y con menos ansiedad.

Combate la depresión: La actividad física regular ha demostrado ser una herramienta efectiva para el tratamiento de la depresión leve a moderada.

Aumenta la felicidad y el bienestar: Hacer ejercicio te ayuda a mejorar tu estado de ánimo, aumentar la autoestima y la sensación de bienestar general.

Mejora la función cognitiva: La actividad física regular mejora la memoria, la concentración, la atención y la velocidad de procesamiento de la información.

Aumenta la creatividad: El ejercicio puede ayudarte a desbloquear tu potencial creativo al fomentar el pensamiento divergente y la resolución de problemas de manera innovadora.

3. Promueve el bienestar general:

Aumenta tu energía: Hacer ejercicio te da más energía y te ayuda a sentirte más vital durante el día.

Mejora tu calidad de vida: La actividad física regular puede ayudarte a mejorar tu calidad de vida en general, permitiéndote disfrutar más de tus actividades diarias y relaciones con los demás.

Te ayuda a dormir mejor: El ejercicio te ayuda a conciliar el sueño más fácilmente, a dormir más profundamente y a despertarte sintiéndote descansado.

Fortalece tu sistema inmunológico: La actividad física regular te ayuda a fortalecer tu sistema inmunológico, haciéndote más resistente a las enfermedades.

Reduce el riesgo de caídas: El ejercicio te ayuda a fortalecer tus músculos y huesos, lo que reduce el riesgo de caídas, especialmente en personas mayores.

4. Beneficios adicionales:

Mejora tu postura: El ejercicio te ayuda a fortalecer los músculos de la espalda y el abdomen, lo que mejora tu postura y reduce el dolor de espalda.

Aumenta tu libido: La actividad física regular puede ayudarte a aumentar tu libido y mejorar tu vida sexual.

Reduce el riesgo de algunos tipos de cáncer: Hacer ejercicio regularmente puede ayudarte a reducir el riesgo de algunos tipos de cáncer, como el cáncer de colon, mama y pulmón.

Recuerda que el ejercicio físico debe adaptarse a tu condición física y preferencias. Es importante consultar con un médico antes de comenzar cualquier programa de ejercicio, especialmente si tienes alguna condición médica preexistente.

Comienza lentamente y aumenta gradualmente la intensidad y la duración de tus entrenamientos a medida que te vayas sintiendo más en forma. Elige actividades que disfrutes y que puedas incorporar a tu rutina diaria de manera regular.

Hacer ejercicio regularmente es una inversión en tu salud y bienestar general. Los beneficios son múltiples y duraderos

Leer al menos 30 minutos al día.

Sumergirse en un mundo de conocimiento y bienestar: 30 minutos diarios de lectura

Leer no solo es un pasatiempo placentero, sino también una poderosa herramienta para fortalecer tu mente, ampliar tus horizontes y mejorar tu calidad de vida. Dedicar 30 minutos al día a la lectura puede traer consigo múltiples beneficios que impactarán positivamente en diferentes aspectos de tu ser.

A continuación, te presento algunos de los principales beneficios de leer 30 minutos al día:

1. Estimula tu mente y mejora tu función cognitiva:

Fortalece las conexiones neuronales: La lectura ejercita tu cerebro, creando nuevas conexiones neuronales y fortaleciendo las existentes. Esto se traduce en una mejor memoria, concentración, capacidad de aprendizaje y pensamiento crítico.

Amplía tu vocabulario y mejora tus habilidades lingüísticas: Al leer, te expones a un nuevo vocabulario y estructuras lingüísticas, lo que te ayuda a expresarte mejor tanto oralmente como por escrito.

Desarrolla tu capacidad de análisis y pensamiento crítico: La lectura te invita a analizar textos, interpretar ideas y formar tus propias opiniones, lo que te convierte en un pensador más crítico y reflexivo.

2. Combate el estrés y la ansiedad:

Te transporta a otros mundos: Sumergirte en una historia te permite desconectarte del estrés y las preocupaciones diarias, transportándote a otros mundos y realidades.

Promueve la relajación: La lectura tiene un efecto calmante en la mente y el cuerpo, lo que te ayuda a relajarte y reducir la ansiedad.

Mejora tu calidad del sueño: Leer antes de acostarte puede ayudarte a conciliar el sueño más fácilmente y a dormir más profundamente.

3. Fomenta la empatía y la comprensión:

Te pones en el lugar de otros: Al leer historias sobre diferentes personajes y situaciones, desarrollas empatía y comprendes mejor las perspectivas y experiencias de los demás.

Amplía tu visión del mundo: La lectura te expone a diferentes culturas, ideas y formas de vida, lo que te ayuda a ampliar tu visión del mundo y a ser más tolerante con las diferencias.

4. Enriquece tu vida personal y profesional:

Te convierte en un mejor conversador: Leer te proporciona un mayor conocimiento y vocabulario, lo que te permite mantener conversaciones más interesantes y estimulantes.

Te ayuda a alcanzar tus metas: La lectura te proporciona herramientas, estrategias y conocimientos que pueden ayudarte a alcanzar tus metas personales y profesionales.

Reduce el riesgo de enfermedades neurodegenerativas: Algunos estudios sugieren que la lectura regular puede ayudar a reducir el riesgo de enfermedades neurodegenerativas como el Alzheimer y la demencia.

¿Cómo comenzar a leer 30 minutos al día?

Elige libros que te interesen: Es fundamental que escojas libros que te despierten curiosidad y te mantengan enganchado. No te fuerces a leer un género que no te guste.

Establece un horario de lectura: Dedica 30 minutos cada día a la lectura, preferiblemente en un ambiente tranquilo y sin distracciones.

Puedes hacerlo antes de acostarte, durante tu pausa del almuerzo o en cualquier momento que te resulte conveniente.

Comienza con lecturas cortas: Si no eres un lector habitual, comienza con lecturas cortas y fáciles de leer. A medida que avances, podrás aumentar gradualmente la complejidad y extensión de tus lecturas.

Únete a un club de lectura: Unirse a un club de lectura puede ser una excelente manera de motivarte a leer y compartir tus opiniones con otras personas.

Lleva siempre un libro contigo: Ten siempre un libro a mano para aprovechar cualquier momento libre para leer. Puedes llevarlo en tu bolso, mochila o incluso en tu teléfono celular.

Crea un ambiente agradable para la lectura: Encuentra un lugar cómodo y tranquilo donde puedas leer sin interrupciones. Asegúrate de tener una buena iluminación y una temperatura agradable.

Recuerda que la lectura es un viaje personal. No compitas con nadie, disfruta del proceso y celebra cada logro, sin importar lo pequeño que parezca. Lo importante es leer con constancia y dedicación, y pronto descubrirás los múltiples beneficios que esta práctica tiene para ofrecer.

Mantener un diario de gratitud.

Cultiva la felicidad y el bienestar con un diario de gratitud: Descubre sus múltiples beneficios

Llevar un diario de gratitud es una práctica sencilla pero poderosa que puede transformar tu vida de manera positiva. Consiste en dedicar unos minutos cada día a escribir las cosas por las que estás agradecido, sin importar cuán grandes o pequeñas sean.

Esta práctica, que se ha vuelto cada vez más popular en los últimos años, está respaldada por numerosos estudios científicos que demuestran sus múltiples beneficios para la salud física y mental, las relaciones interpersonales y el bienestar general.

A continuación, te presento algunos de los principales beneficios de llevar un diario de gratitud:

1. Mejora tu estado de ánimo y reduce el estrés:

Cultiva una perspectiva positiva: Al enfocarte en las cosas buenas de tu vida, entrenas tu cerebro para buscar lo positivo en lugar de lo negativo. Esto se traduce en un estado de ánimo más positivo, mayor felicidad y satisfacción.

Combate el estrés y la ansiedad: Expresar gratitud ayuda a disminuir los niveles de cortisol, la hormona del estrés, y a activar la respuesta de relajación del cuerpo. Esto te ayuda a sentirte más calmado y a manejar mejor el estrés.

Fortalece la resiliencia: Enfocarte en lo positivo te ayuda a desarrollar mayor resiliencia frente a los desafíos y obstáculos de la vida.

2. Mejora la calidad del sueño:

Promueve un sueño más profundo y reparador: Escribir en tu diario de gratitud antes de acostarte te ayuda a relajar tu mente y a enfocarte en las cosas positivas, lo que te permite conciliar el sueño más fácilmente y dormir más profundamente.

Reduce la somnolencia diurna: Al tener un sueño más reparador, te sientes más alerta y con más energía durante el día.

3. Fortalece las relaciones interpersonales:

Aumenta la empatía y la compasión: Expresar gratitud por las personas en tu vida te ayuda a apreciar más sus cualidades y a sentirte más conectado con ellas.

Mejora la comunicación y la resolución de conflictos: Enfocarte en lo positivo en tus relaciones te permite comunicarte de manera más efectiva y resolver conflictos de manera más constructiva.

Fortalece los lazos familiares y de amistad: Expresar gratitud por tus seres queridos fortalece los lazos emocionales y crea relaciones más profundas y significativas.

4. Mejora la salud física:

Reduce la presión arterial: Expresar gratitud ha demostrado disminuir la presión arterial, lo que reduce el riesgo de enfermedades cardíacas.

Fortalece el sistema inmunológico: La gratitud puede ayudar a fortalecer tu sistema inmunológico, haciéndote más resistente a las enfermedades.

Reduce el dolor crónico: La práctica de la gratitud puede ayudar a disminuir la percepción del dolor crónico y mejorar la calidad de vida de las personas que lo padecen.

5. Fomenta el crecimiento personal:

Aumenta la autoestima y la confianza en uno mismo: Enfocarte en tus fortalezas y lógros te ayuda a desarrollar una mayor autoestima y confianza en ti mismo.

Promueve la autoconciencia: Al escribir en tu diario, reflexionas sobre tus experiencias y emociones, lo que te ayuda a conocerte mejor y a entender tus motivaciones.

Establece metas y objetivos: La gratitud te ayuda a identificar lo que realmente te importa y a establecer metas y objetivos que te acerquen a una vida más plena.

¿Cómo comenzar a llevar un diario de gratitud?

Elige un formato que te guste: Puedes utilizar un cuaderno físico, una aplicación digital o incluso una hoja de papel en blanco.

Establece un horario: Decide en qué momento del día quieres escribir en tu diario. Puedes hacerlo por la mañana, antes de acostarte o en cualquier momento que te resulte conveniente.

Comienza con cosas pequeñas: No es necesario que escribas cosas grandiosas. Comienza por agradecer las cosas simples de la vida, como un café caliente, un día soleado o una sonrisa de un amigo.

Sé específico: Cuanto más específico seas en tus agradecimientos, mejor. Describe lo que te hace sentir agradecido y por qué.

No te compares con los demás: La gratitud es un viaje personal. No te compares con lo que hacen los demás. Enfócate en tus propias experiencias y en las cosas que te hacen feliz.

Sé constante: La clave para obtener los beneficios de la gratitud.

Establecer metas semanales.

Establece metas semanales y conquista tus sueños: Guía práctica para el éxito

Establecer metas semanales es una práctica poderosa que te permite organizar tu tiempo, enfocar tus esfuerzos y alcanzar tus objetivos de manera más efectiva. Al dividir tus metas anuales o a largo plazo en objetivos más pequeños y manejables, aumentas tu motivación, reduces la procrastinación y experimentas una mayor satisfacción a medida que avanzas.

¿Cuáles son los beneficios de establecer metas semanales?

Mejora tu organización y productividad: Al tener metas claras para cada semana, sabes exactamente en qué enfocar tu tiempo y energía. Esto te ayuda a aprovechar al máximo tus horas y a ser más productivo en todas las áreas de tu vida.

Aumenta tu motivación y reduce la procrastinación: Dividir tus metas en pasos más pequeños y alcanzables te hace sentir que estás progresando, lo que te motiva a seguir adelante y evita que caigas en la procrastinación.

Te ayuda a superar obstáculos: Al tener metas semanales definidas, puedes anticipar posibles obstáculos y desarrollar estrategias para superarlos.

Mejora tu enfoque y concentración: Al saber exactamente lo que quieres lograr cada semana, puedes enfocar tu atención y energía en las tareas más importantes.

Te ayuda a desarrollar hábitos positivos: La práctica de establecer y alcanzar metas semanales te ayuda a desarrollar hábitos positivos como la disciplina, la perseverancia y la autoconfianza.

Aumenta tu satisfacción y bienestar: A medida que alcanzas tus metas semanales, experimentas una sensación de logro y satisfacción que te motiva a seguir adelante y perseguir tus sueños.

¿Cómo establecer metas semanales efectivas?

Define tus metas generales: Antes de comenzar a establecer metas semanales, es importante que tengas una visión clara de tus metas a largo plazo. ¿Qué quieres lograr en la vida? ¿Cuáles son tus sueños y aspiraciones?

Desglosa tus metas a largo plazo: Una vez que tengas una idea clara de tus metas a largo plazo, desglósalas en objetivos más pequeños y manejables. ¿Qué puedes lograr en un año? En un mes? En una semana?

Establece metas SMART: Al establecer tus metas semanales, asegúrate de que sean SMART: Específicas, Medibles, Alcanzables, Relevantes y con un plazo Temporal definido.

Escribe tus metas: El simple hecho de escribir tus metas las hace más reales y tangibles. Esto te ayuda a comprometerte con ellas y a aumentar tu motivación.

Crea un plan de acción: Para cada meta semanal, desarrolla un plan de acción que detalle los pasos que debes seguir para alcanzarla. Divide las tareas grandes en pasos más pequeños y manejables.

Establece plazos: Asigna un plazo para cada paso de tu plan de acción. Esto te ayudará a mantenerte organizado y a evitar la procrastinación.

Revisa tu progreso: Dedica un tiempo al final de cada semana para revisar tu progreso. ¿Has alcanzado tus metas? ¿Qué obstáculos has encontrado? ¿Qué puedes hacer para mejorar la próxima semana?

Celebra tus logros: Es importante que celebres tus logros, sin importar cuán pequeños sean. Esto te ayudará a mantenerte motivado y a seguir adelante.

Recuerda que establecer metas semanales es un proceso continuo. A medida que avanzas, es posible que necesites ajustar tus metas o tu plan de acción. Lo importante es que te mantengas comprometido con tus objetivos y que nunca te rindas.

Establecer metas semanales es una herramienta poderosa que puede ayudarte a alcanzar tus sueños y a vivir una vida más plena y satisfactoria.

Planificar el día la noche anterior.

Planifica tu día la noche anterior y conquista cada mañana: Guía práctica para un día productivo

La planificación diaria es una herramienta fundamental para aprovechar al máximo tu tiempo, aumentar tu productividad y alcanzar tus metas. Dedicar unos minutos la noche anterior a planificar tu día siguiente te permitirá comenzar la mañana con claridad, enfoque y una sensación de control sobre tu tiempo.

¿Cuáles son los beneficios de planificar el día la noche anterior?

Aumenta tu productividad: Al tener un plan claro para el día siguiente, sabes exactamente en qué enfocar tu tiempo y energía. Esto te ayuda a evitar la procrastinación y a aprovechar al máximo tus horas.

Reduce el estrés y la ansiedad: Comenzar el día con un plan te ayuda a sentirte más organizado y en control, lo que reduce el estrés y la ansiedad.

Te ayuda a alcanzar tus metas: Al dividir tus objetivos en tareas diarias más pequeñas y manejables, te acercas gradualmente a alcanzar tus metas.

Mejora tu toma de decisiones: Al tener un plan claro, puedes tomar decisiones más efectivas sobre cómo utilizar tu tiempo y energía.

Te permite disfrutar de más tiempo libre: Al ser más productivo durante el día, te queda más tiempo libre para dedicarlo a las actividades que disfrutas.

¿Cómo planificar tu día la noche anterior?

Revisa tu agenda y prioridades: Comienza por revisar tu agenda para el día siguiente. ¿Tienes alguna reunión importante? ¿Alguna fecha límite que cumplir? ¿Alguna tarea urgente que atender?

Define tus 3 objetivos principales: Elige 3 objetivos principales que quieras lograr al día siguiente. Estos objetivos deben ser SMART: Específicos, Medibles, Alcanzables, Relevantes y con un plazo Temporal definido.

Crea una lista de tareas: Elabora una lista de tareas que incluya todo lo que necesitas hacer para alcanzar tus objetivos. Divide las tareas grandes en pasos más pequeños y manejables.

Asigna tiempo a cada tarea: Estima cuánto tiempo te llevará completar cada tarea. Asegúrate de ser realista y de tener en cuenta tu horario y tu nivel de energía.

Establece un horario: Organiza tu lista de tareas en un horario que se ajuste a tu día. Asegúrate de incluir tiempo para descansos, comidas y actividades imprevistas.

Prepara lo necesario: Deja todo lo que necesitas para el día siguiente listo la noche anterior. Esto incluye ropa, documentos, materiales de trabajo y cualquier otra cosa que puedas necesitar.

Consejos adicionales:

Utiliza una herramienta de planificación: Existen diversas herramientas de planificación, como agendas, aplicaciones o planificadores digitales, que pueden ayudarte a organizar tu día de manera más efectiva.

Sé flexible: Es importante que seas flexible y que puedas adaptar tu plan a medida que surjan imprevistos.

No te sobrecargues: No intentes abarcar demasiadas cosas en un solo día. Prioriza tus tareas y asegúrate de tener suficiente tiempo para completarlas todas.

Revisa tu plan: Dedica unos minutos al final de cada día para revisar tu plan y evaluar tu progreso. Esto te ayudará a identificar áreas de mejora y a planificar mejor tus días siguientes.

Planificar tu día la noche anterior es un hábito simple pero poderoso que puede transformar tu vida. Al dedicar unos minutos cada noche a organizar tu tiempo y definir tus prioridades, te sentirás más productivo, menos estresado y más cerca de alcanzar tus metas.

Practicar la respiración consciente.

Respira para vivir mejor: Descubre los beneficios y la práctica de la respiración consciente

La respiración consciente, también conocida como respiración mindfulness o respiración zen, es una práctica ancestral que consiste en prestar atención a la respiración de manera deliberada y sin juzgar. Esta práctica milenaria, que forma parte fundamental de disciplinas como el yoga y la meditación, ha ganado gran popularidad en los últimos años gracias a la evidencia científica que respalda sus numerosos beneficios para la salud física y mental.

¿Cuáles son los beneficios de practicar la respiración consciente?

Reduce el estrés y la ansiedad: La respiración consciente activa el sistema nervioso parasimpático, responsable de la relajación, y disminuye la producción de cortisol, la hormona del estrés. Esto se traduce en una sensación de calma, paz interior y bienestar general.

Mejora la salud cardiovascular: La práctica regular de la respiración consciente puede ayudar a regular la presión arterial, disminuir la frecuencia cardíaca y mejorar la circulación sanguínea.

Fortalece el sistema inmunológico: La respiración consciente reduce el estrés y la ansiedad, lo que a su vez fortalece el sistema inmunológico y te hace más resistente a las enfermedades.

Mejora la calidad del sueño: La respiración consciente te ayuda a relajarte y conciliar el sueño más fácilmente, además de mejorar la calidad del mismo.

Aumenta la concentración y la memoria: La práctica de la respiración consciente mejora la atención, la concentración y la memoria, lo que te ayuda a ser más productivo en tus actividades diarias.

Reduce el dolor crónico: La respiración consciente puede ayudar a disminuir la percepción del dolor crónico y mejorar la calidad de vida de las personas que lo padecen.

Promueve el crecimiento personal: La respiración consciente te ayuda a desarrollar mayor autoconciencia, aceptación y compasión, además de fortalecer tu conexión con el presente.

¿Cómo practicar la respiración consciente?

Existen diversas técnicas de respiración consciente, pero todas ellas comparten algunos elementos básicos:

Encuentra un lugar tranquilo y cómodo: Busca un lugar donde puedas sentarte o recostarte sin interrupciones y donde te sientas cómodo y relajado.

Adopta una postura correcta: Siéntate con la espalda recta, los hombros relajados y las piernas cruzadas o apoyadas en el suelo. Si prefieres recostarte, hazlo sobre una superficie firme con una almohada debajo de la cabeza y las rodillas ligeramente flexionadas.

Cierra los ojos (opcional): Puedes cerrar los ojos para enfocarte mejor en tu respiración o mantenerlos abiertos con una mirada suave y relajada.

Enfócate en tu respiración: Presta atención a la entrada y salida de aire de tu nariz o boca. Observa la sensación del aire en tus fosas nasales, la elevación y descenso de tu pecho y abdomen.

No juzgues tus pensamientos: Es normal que durante la práctica surjan pensamientos intrusivos. No los juzgues, simplemente observa cómo aparecen y desaparecen sin involucrarte con ellos.

Practica durante unos minutos al día: Comienza con sesiones de 5 a 10 minutos y aumenta gradualmente la duración a medida que te sientas más cómodo. Puedes practicar varias veces al día o una vez al día como parte de tu rutina de meditación o yoga.

Recuerda que la respiración consciente es una práctica que requiere paciencia y constancia. No te desanimes si al principio te cuesta concentrarte o si experimentas pensamientos intrusivos. Con el tiempo y la práctica, podrás disfrutar de los numerosos beneficios que esta técnica ancestral ofrece para tu salud física y mental.

Limitar el consumo de redes sociales.

Desconéctate para conectar: Beneficios de limitar el uso de redes sociales y cómo hacerlo

En la era digital actual, las redes sociales se han convertido en una parte integral de nuestras vidas. Sin embargo, el uso excesivo de estas plataformas puede tener un impacto negativo en nuestra salud física y mental, nuestras relaciones y nuestra productividad. Por ello, limitar el uso de las redes sociales se ha convertido en una práctica cada vez más recomendada por expertos en salud mental y bienestar.

¿Cuáles son los beneficios de limitar el uso de las redes sociales?

Reduce el estrés y la ansiedad: La constante comparación social, la exposición a contenido negativo y la FOMO (miedo a perderse algo) pueden aumentar los niveles de estrés y ansiedad. Limitar el tiempo en redes sociales te ayuda a desconectarte de estas presiones y a sentirte más tranquilo y relajado.

Mejora la calidad del sueño: La luz azul emitida por las pantallas puede interferir con la producción de melatonina, la hormona del sueño. Reducir el uso de redes sociales antes de acostarte te ayuda a conciliar el sueño más fácilmente y a disfrutar de un sueño más reparador.

Fortalece las relaciones interpersonales: Pasar demasiado tiempo en redes sociales puede alejarte de las relaciones reales y significativas con las personas que te rodean. Limitar el uso de estas plataformas te permite dedicar más tiempo a la interacción cara a cara y a fortalecer tus vínculos con familiares y amigos.

Aumenta la productividad: Las notificaciones constantes y las distracciones de las redes sociales pueden afectar tu concentración y tu capacidad para enfocarte en las tareas importantes. Limitar su uso te ayuda a ser más productivo en tus estudios, trabajo o cualquier otra actividad que requiera atención.

Mejora la autoestima: La exposición constante a imágenes y mensajes idealizados en las redes sociales puede dañar tu autoestima y generar una imagen distorsionada de ti mismo. Limitar su uso te ayuda a enfocarte en tus propias fortalezas y valores, y a construir una autoestima más sana.

Promueve el bienestar mental: Desconectarte de las redes sociales te permite reducir la rumia negativa, los pensamientos intrusivos y la sensación de aislamiento. Esto puede contribuir a mejorar tu estado de ánimo y tu bienestar mental en general.

¿Cómo limitar el uso de las redes sociales?

Establece límites de tiempo: Decide cuánto tiempo al día quieres dedicar a las redes sociales y cúmplelo estrictamente. Puedes utilizar aplicaciones que te ayuden a controlar y limitar el tiempo de uso.

Desactiva las notificaciones: Desactiva las notificaciones de las redes sociales para evitar distracciones constantes y la tentación de revisar tu teléfono o computadora con frecuencia.

Elimina las aplicaciones de tu teléfono: Si te resulta muy difícil controlar el uso de las redes sociales, considera eliminar las aplicaciones de tu teléfono o computadora.

Busca actividades alternativas: Dedica el tiempo que antes pasabas en redes sociales a otras actividades que te resulten placenteras y beneficiosas, como leer, hacer ejercicio, pasar tiempo con amigos o familiares, o practicar algún hobby.

Sé consciente de tus desencadenantes: Identifica las situaciones o emociones que te llevan a usar las redes sociales en exceso y busca estrategias para afrontarlas de manera diferente.

No tengas miedo a decir que no: Si te invitan a un evento o grupo en las redes sociales que no te interesa, no tengas miedo de declinar la invitación. No tienes que estar presente en todas las plataformas ni participar en todas las actividades.

Recuerda que limitar el uso de las redes sociales es un proceso gradual que requiere compromiso y paciencia. No te desanimes si al principio te resulta difícil. Con el tiempo y la práctica, podrás disfrutar de los numerosos beneficios que esta decisión tiene para ofrecer a tu salud física y mental, tus relaciones y tu bienestar general.

Aprender algo nuevo cada día.

Abre tu mente al aprendizaje: Descubre los beneficios de aprender algo nuevo cada día y cómo hacerlo.

En un mundo en constante cambio, la capacidad de aprender y adaptarse es una habilidad fundamental para el éxito personal y profesional. Aprender algo nuevo cada día no solo te permite adquirir nuevos conocimientos y habilidades, sino que también brinda numerosos beneficios para tu salud mental, tu bienestar general y tu calidad de vida.

¿Cuáles son los beneficios de aprender algo nuevo cada día?

Mejora la función cognitiva: El aprendizaje estimula el cerebro, fortalece las conexiones neuronales y mejora la memoria, la concentración y la capacidad de resolución de problemas.

Combate el aburrimiento y la rutina: Aprender algo nuevo te ayuda a mantenerte motivado, curioso y comprometido con la vida.

Aumenta la autoestima: Al adquirir nuevos conocimientos y habilidades, te sientes más seguro de ti mismo y de tus capacidades.

Reduce el estrés y la ansiedad: El aprendizaje enfocado puede ser una actividad relajante y placentera que te ayuda a desconectarte de las preocupaciones diarias.

Te abre a nuevas oportunidades: Aprender algo nuevo puede abrirte las puertas a nuevas oportunidades en tu vida personal y profesional.

Te mantiene actualizado: En un mundo en constante cambio, aprender algo nuevo cada día te ayuda a mantenerte actualizado con las últimas tendencias y conocimientos en tu área de interés.

Fortalece tu creatividad: El aprendizaje te expone a nuevas ideas y perspectivas, lo que estimula tu creatividad y te ayuda a pensar de manera más innovadora.

Te hace más interesante: Aprender algo nuevo te convierte en una persona más interesante y atractiva para los demás.

¿Cómo aprender algo nuevo cada día?

Elige un tema que te interese: Es fundamental que el tema que elijas te motive y te genere curiosidad. De esta manera, el aprendizaje será más fácil y placentero.

Establece una meta alcanzable: Define un objetivo pequeño y específico que puedas lograr en un día o una semana. A medida que avances, puedes aumentar la dificultad de la meta.

Dedica un tiempo cada día al aprendizaje: Reserva unos minutos al día, incluso si son solo 15 o 30, para dedicarlos al aprendizaje. La constancia es clave para el éxito.

Utiliza diferentes recursos de aprendizaje: Existen diversos recursos para aprender, como libros, artículos, videos, cursos online, podcasts, etc. Explora diferentes opciones y encuentra la que mejor se adapte a tu estilo de aprendizaje.

Practica lo que aprendes: La mejor manera de consolidar el aprendizaje es poner en práctica lo que has aprendido. Puedes hacerlo a través de ejercicios, proyectos o simplemente aplicando tus nuevos conocimientos en tu vida diaria.

Únete a una comunidad de aprendizaje: Busca grupos o foros online donde puedas compartir tus avances, intercambiar ideas con otras personas y aprender de sus experiencias.

No te desanimes si hay dificultades: Es normal que haya momentos en los que te sientas frustrado o desmotivado. Lo importante es no rendirse y seguir adelante.

Recuerda que el aprendizaje es un proceso continuo que dura toda la vida. No importa tu edad o tu nivel de experiencia, siempre hay algo nuevo que puedes aprender. Atrévete a salir de tu zona de confort, abre tu mente al conocimiento y disfruta de los numerosos beneficios que el aprendizaje tiene para ofrecer.

Desarrollar habilidades de gestión del tiempo.

Domina tu tiempo, domina tu vida: Beneficios y estrategias para desarrollar habilidades de gestión del tiempo.

En la sociedad actual, donde el tiempo parece ser un recurso cada vez más escaso, desarrollar habilidades de gestión del tiempo se ha convertido en una necesidad fundamental para el éxito personal y profesional. Ser capaz de organizar tu tiempo de manera efectiva te permite aprovechar al máximo cada hora del día, alcanzar tus metas, reducir el estrés y mejorar tu calidad de vida.

¿Cuáles son los beneficios de desarrollar habilidades de gestión del tiempo?

Aumenta la productividad: Al organizar tu tiempo de manera eficiente, puedes hacer más en menos tiempo. Esto te permite alcanzar tus metas con mayor rapidez y liberar tiempo para otras actividades importantes.

Reduce el estrés y la ansiedad: La sensación de control sobre tu tiempo te ayuda a sentirte más tranquilo y relajado. Cuando sabes cómo vas a utilizar tu tiempo, no te preocupas por las tareas pendientes ni por los plazos que se acercan.

Mejora la calidad del sueño: Dormir lo suficiente es fundamental para la salud física y mental. Al gestionar tu tiempo de manera efectiva, puedes evitar acostarte tarde y dormir la cantidad de horas que necesitas para estar descansado y rendir al máximo al día siguiente.

Fortalece las relaciones interpersonales: Cumplir con tus compromisos y dedicar tiempo a las personas que te importan te ayuda a fortalecer tus relaciones con familiares, amigos y compañeros de trabajo.

Aumenta la autoestima: Alcanzar tus metas y sentirte productivo te ayuda a desarrollar una mayor autoestima y confianza en ti mismo.

Mejora la toma de decisiones: Cuando tienes una visión clara de cómo vas a utilizar tu tiempo, puedes tomar decisiones más acertadas sobre en qué tareas enfocarte y cuáles delegar o posponer.

Te permite disfrutar de más tiempo libre: Al ser más productivo, te queda más tiempo libre para dedicarlo a las actividades que disfrutas, como hobbies, pasar tiempo con tu familia o simplemente relajarte.

¿Cómo desarrollar habilidades de gestión del tiempo?

Establece metas claras: Define qué quieres lograr con tu tiempo y establece metas específicas, medibles, alcanzables, relevantes y con un plazo definido (SMART).

Crea un plan de acción: Divide tus metas en tareas más pequeñas y manejables y crea un plan de acción que detalle cuándo y cómo vas a completar cada tarea.

Prioriza tus tareas: No todas las tareas tienen la misma importancia. Aprende a priorizar tus tareas en función de su urgencia e importancia.

Elimina las distracciones: Identifica las cosas que te distraen y toma medidas para eliminarlas o minimizarlas. Esto puede incluir apagar tu teléfono, cerrar tu correo electrónico o trabajar en un lugar tranquilo.

Delega o pospone tareas: No tienes que hacer todo tú mismo. Aprende a delegar tareas en otras personas o a posponer las tareas que no son urgentes ni importantes.

Utiliza herramientas de gestión del tiempo: Existen diversas herramientas que pueden ayudarte a gestionar tu tiempo de manera efectiva, como calendarios, agendas, listas de tareas y aplicaciones de productividad.

Aprende a decir no: No tengas miedo de decir no a las solicitudes que te quiten tiempo y te impidan alcanzar tus metas.

Sé flexible: No siempre todo sale según lo planeado. Aprende a ser flexible y a adaptar tu plan de acción cuando sea necesario.

Revisa y evalúa tu progreso: Dedica tiempo al final de cada semana o mes para revisar tu progreso y evaluar la efectividad de tu plan de acción.

Recuerda que desarrollar habilidades de gestión del tiempo es un proceso continuo que requiere práctica y paciencia. No te desanimes si al principio te cuesta organizarte. Con el tiempo y la práctica, podrás convertirte en un maestro de la gestión del tiempo y disfrutar de los numerosos beneficios que esta habilidad tiene para ofrecer.

Practicar la empatía y la compasión.

Abre tu corazón al mundo: Beneficios y estrategias para practicar la empatía y la compasión.

La empatía y la compasión son dos cualidades esenciales para construir relaciones sanas y significativas, promover el bienestar social y vivir una vida más plena y satisfactoria.

¿Cuáles son los beneficios de practicar la empatía y la compasión?

Mejora las relaciones interpersonales: La empatía te permite comprender los sentimientos y pensamientos de los demás, lo que te ayuda a conectar con ellos en un nivel más profundo. La compasión te motiva a actuar para aliviar el sufrimiento de los demás, lo que fortalece aún más tus relaciones.

Reduce el estrés y la ansiedad: Sentir empatía y compasión por los demás te ayuda a ver el mundo desde una perspectiva más positiva y a sentirte más conectado con la humanidad. Esto puede reducir el estrés, la ansiedad y la depresión.

Aumenta la felicidad y el bienestar: Ayudar a los demás y sentir compasión por ellos te da una sensación de propósito y significado en la vida. Esto puede aumentar tu felicidad y bienestar general.

Promueve la paz y la comprensión: La empatía y la compasión son fundamentales para construir sociedades más pacíficas y justas. Al comprender y respetar las perspectivas de los demás, podemos resolver conflictos y crear un mundo más tolerante.

Mejora la salud física: La investigación ha demostrado que la empatía y la compasión pueden tener un impacto positivo en la salud física. Reducen la presión arterial, mejoran la función inmunológica y disminuyen el riesgo de enfermedades cardíacas.

¿Cómo practicar la empatía y la compasión?

Escucha atentamente: Cuando alguien te habla, presta atención a sus palabras y emociones. No juzgues ni interrumpas, simplemente trata de comprender su punto de vista.

Ponte en el lugar del otro: Imagina cómo te sentirías si estuvieras en la situación de la otra persona. Esto te ayudará a desarrollar empatía por sus experiencias.

Siente compasión: Reconoce el sufrimiento de la otra persona y siente un deseo genuino de ayudarlo.

Expresa tu empatía: Hazle saber a la otra persona que la comprendes y que te importa. Puedes usar frases como "Entiendo cómo te sientes" o "Estoy aquí para ti".

Ofrece ayuda: Si puedes, ofrece ayuda práctica a la otra persona. Esto puede ser algo tan simple como ofrecerle un oído atento o brindarle apoyo emocional.

Practica la meditación y la atención plena: La meditación y la atención plena pueden ayudarte a desarrollar la empatía y la compasión al enfocarte en el presente y en las emociones de los demás.

Rodéate de personas compasivas: Pasar tiempo con personas compasivas te ayudará a desarrollar tus propias habilidades de empatía y compasión.

Sé amable contigo mismo: La empatía y la compasión comienzan contigo mismo. Practica la autocompasión y sé amable contigo mismo cuando cometas errores o te sientas mal.

Recuerda que la empatía y la compasión son músculos que se fortalecen con la práctica. Cuanto más las practiques, más fácil te resultará conectarte con los demás y sentir compasión por ellos.

Hacer una lista de tareas pendientes y priorizarlas.

Domina tu día con listas: Beneficios y estrategias para crear y priorizar listas de tareas pendientes.

En un mundo cada vez más acelerado, organizar tu tiempo y tus tareas se ha convertido en una necesidad fundamental para alcanzar tus metas y reducir el estrés. Las listas de tareas pendientes son una herramienta simple pero poderosa que te puede ayudar a aprovechar al máximo tu tiempo, aumentar tu productividad y mantenerte enfocado en lo que realmente importa.

¿Cuáles son los beneficios de hacer una lista de tareas pendientes y priorizarlas?

Aumenta la productividad: Al tener una lista clara de lo que necesitas hacer, evitas la procrastinación y te enfocas en las tareas más importantes. Esto te permite hacer más en menos tiempo y alcanzar tus metas con mayor rapidez.

Reduce el estrés y la ansiedad: La sensación de control sobre tus tareas te ayuda a sentirte más tranquilo y relajado. Cuando sabes qué tienes que hacer y cuándo lo vas a hacer, no te preocupas por las tareas pendientes ni por los plazos que se acercan.

Mejora la memoria: Escribir las tareas en una lista te ayuda a recordarlas y a evitar que se te olviden. Esto te libera espacio mental para que puedas enfocarte en otras cosas.

Te ayuda a visualizar tus metas: Dividir tus grandes objetivos en tareas más pequeñas y manejables te ayuda a visualizar el camino hacia el éxito. Esto te motiva a seguir adelante y a no rendirte.

Promueve la flexibilidad: Las listas de tareas no son estáticas. Puedes modificarlas y actualizarlas según sea necesario para adaptarte a los cambios y nuevas prioridades.

Te permite disfrutar de más tiempo libre: Al ser más productivo, te queda más tiempo libre para dedicarlo a las actividades que disfrutas.

¿Cómo hacer una lista de tareas pendientes y priorizarlas?

Anota todas tus tareas: Comienza por escribir todas las tareas que tengas pendientes, sin importar cuán grandes o pequeñas sean. Puedes usar un cuaderno, una hoja de papel o una aplicación de listas de tareas.

Prioriza tus tareas: Una vez que tengas todas tus tareas anotadas, ordénalas por importancia. Puedes usar un sistema de clasificación como A (importante y urgente), B (importante pero no urgente), C (urgente pero no importante) o D (ni importante ni urgente).

Estima el tiempo que te llevará cada tarea: Junto a cada tarea, escribe el tiempo que crees que te llevará completarla. Esto te ayudará a planificar tu día y a asegurarte de que tienes suficiente tiempo para todas tus tareas.

Agrupa tareas similares: Agrupa las tareas que sean similares entre sí en categorías, como "trabajo", "tareas del hogar", "recados", etc. Esto te ayudará a visualizar mejor tu carga de trabajo y a organizar tu tiempo de manera más eficiente.

Establece plazos realistas: Para cada tarea, establece un plazo realista para completarla. Asegúrate de que los plazos sean alcanzables y que tengas en cuenta el tiempo que te llevará cada tarea.

Revisa y actualiza tu lista: Al final de cada día, revisa tu lista de tareas y actualiza los plazos y las prioridades según sea necesario. Esto te ayudará a mantenerte al día con tu progreso y a asegurarte de que estás enfocado en las tareas más importantes.

Consejos adicionales:

Utiliza una herramienta de gestión de tareas: Existen diversas herramientas de gestión de tareas que pueden ayudarte a crear, organizar y priorizar tus listas de tareas. Algunas opciones populares son Asana, Trello, Todoist y TickTick.

Delega o pospone tareas: No tienes que hacer todo tú mismo. Aprende a delegar tareas en otras personas o a posponer las tareas que no son urgentes ni importantes.

Toma descansos: Es importante tomar descansos a lo largo del día para evitar la fatiga mental y física. Levántate de tu escritorio, camina un poco y haz algo que te relaje.

Recompénsate: Cuando completes una tarea importante, recompénsate con algo que te guste. Esto te ayudará a mantenerte motivado y enfocado.

Recuerda que la clave para tener éxito con las listas de tareas pendientes es la consistencia. Dedica unos minutos cada día a crear y actualizar tu lista, y prioriza tus tareas de manera efectiva. Con un poco de práctica, podrás convertirte en un maestro de las listas de tareas y disfrutar de los numerosos beneficios que esta herramienta tiene para ofrecer.

Beber suficiente agua durante el día.

Hidrata tu cuerpo y tu mente: Beneficios y estrategias para beber suficiente agua durante el día.

El agua es un elemento esencial para la vida. Aproximadamente el 60% de nuestro cuerpo está compuesto por agua y participa en numerosas funciones vitales, como regular la temperatura corporal, transportar nutrientes y eliminar desechos. Beber suficiente agua durante el día es fundamental para mantener una buena salud y bienestar.

¿Cuáles son los beneficios de beber suficiente agua durante el día?

Regula la temperatura corporal: El agua ayuda a regular la temperatura corporal a través del sudor, evitando la deshidratación y el sobrecalentamiento.

Transporta nutrientes y oxígeno: El agua transporta nutrientes y oxígeno a todas las células del cuerpo, asegurando su correcto funcionamiento.

Elimina desechos: El agua ayuda a eliminar los desechos del cuerpo a través de la orina y las heces.

Mantiene la piel hidratada: La piel es el órgano más grande del cuerpo y necesita agua para mantenerse hidratada, elástica y saludable.

Mejora la función cerebral: La deshidratación puede afectar la función cerebral, provocando fatiga, dificultad para concentrarse y cambios en el estado de ánimo. Beber suficiente agua ayuda a mantener el cerebro funcionando correctamente.

Favorece la digestión: El agua ayuda a digerir los alimentos y a absorber los nutrientes.

Reduce el riesgo de enfermedades: Beber suficiente agua puede ayudar a reducir el riesgo de enfermedades como cálculos renales, infecciones del tracto urinario y estreñimiento.

Mejora el rendimiento físico: La deshidratación puede afectar el rendimiento físico, provocando fatiga muscular y calambres. Beber suficiente agua antes, durante y después del ejercicio es fundamental para mantener un buen rendimiento.

Ayuda a controlar el peso: El agua puede ayudar a controlar el peso al crear una sensación de saciedad y reducir el apetito.

¿Cómo beber suficiente agua durante el día?

Lleva siempre contigo una botella de agua: Tener una botella de agua a mano te facilitará beber agua durante todo el día.

Bebe agua antes, durante y después de las comidas: Beber un vaso de agua antes de las comidas puede ayudarte a comer menos y a sentirte más saciado. Beber agua durante y después de las comidas ayuda a la digestión.

Bebe agua cuando tengas sed: No esperes a sentir sed extrema para beber agua. La sed es una señal de que tu cuerpo ya está deshidratado.

Come frutas y verduras: Las frutas y verduras son una buena fuente de agua, además de contener vitaminas, minerales y fibra.

Monitorea tu ingesta de agua: Puedes usar una aplicación o llevar un registro para monitorear la cantidad de agua que bebes al día.

Infusiona tu agua: Puedes agregar frutas, hierbas o especias a tu agua para darle un sabor más agradable y motivarte a beber más.

Evita las bebidas azucaradas: Las bebidas azucaradas, como los refrescos y los jugos de fruta, pueden deshidratarte y aumentar tu riesgo de obesidad y otras enfermedades.

Recuerda que la cantidad de agua que necesitas beber al día depende de tu edad, sexo, nivel de actividad y clima. En general, se recomienda beber entre 8 y 10 vasos de agua al día.

Hacer una pausa para estirarse cada hora.

Muévete y renuévate: Beneficios y estrategias para hacer una pausa para estirarse cada hora.

En la era digital actual, donde pasamos gran parte del tiempo sentados frente a una computadora o pantalla, tomar descansos para estirarse se ha convertido en una necesidad fundamental para mantener la salud física y mental. Realizar pausas activas de estiramiento cada hora te permite combatir los efectos negativos del sedentarismo, mejorar tu bienestar general y aumentar tu productividad.

¿Cuáles son los beneficios de hacer una pausa para estirarse cada hora?

Reduce la rigidez muscular y mejora la flexibilidad: Permanecer en la misma posición durante largos períodos de tiempo puede provocar rigidez muscular y dolor. Los estiramientos ayudan a relajar los músculos, mejorar la flexibilidad y aumentar el rango de movimiento.

Mejora la circulación sanguínea: La mala circulación sanguínea puede provocar fatiga, hinchazón y dolor en las extremidades. Los estiramientos ayudan a bombear la sangre por todo el cuerpo, mejorando la circulación y reduciendo estos síntomas.

Previene lesiones: Los músculos rígidos y tensos son más propensos a lesionarse. Los estiramientos regulares ayudan a prevenir lesiones al aumentar la flexibilidad y mejorar la coordinación neuromuscular.

Reduce el estrés y la ansiedad: El estrés y la ansiedad pueden manifestarse en forma de tensión muscular y dolor de cabeza. Los estiramientos ayudan a relajar el cuerpo y la mente, reduciendo el estrés y la ansiedad.

Mejora la postura: Sentarse durante largos períodos de tiempo puede afectar la postura. Los estiramientos específicos para la espalda y los hombros ayudan a mejorar la postura y reducir el dolor de espalda.

Aumenta la energía y la productividad: Hacer una pausa para estirarte cada hora te ayuda a sentirte más despierto y con energía, lo que puede mejorar tu concentración y tu productividad.

¿Cómo hacer una pausa para estirarse cada hora?

Establece un recordatorio: Puedes usar una alarma o una aplicación para recordarte que debes hacer una pausa para estirarte cada hora.

Levántate y muévete: Sal de tu escritorio y camina un poco por la habitación. Esto ayudará a despertar tu cuerpo y a preparar tus músculos para los estiramientos.

Concéntrate en tu respiración: Mientras realizas los estiramientos, respira profundamente y concéntrate en la sensación de tus músculos.

Esto te ayudará a relajarte y a sacar el máximo provecho de los estiramientos.

Realiza estiramientos suaves y dinámicos: Evita los estiramientos profundos o estáticos, ya que pueden causar lesiones. En su lugar, realiza estiramientos suaves y dinámicos que te ayuden a mover las articulaciones y a mejorar la flexibilidad.

Presta atención a tu cuerpo: Si sientes dolor, detente y no fuerces el estiramiento. Es importante escuchar a tu cuerpo y evitar lesiones.

Personaliza tus estiramientos: Puedes elegir los estiramientos que mejor se adapten a tus necesidades y preferencias. Existen una gran variedad de estiramientos para diferentes grupos musculares.

Incorpora movimiento a tu rutina diaria: Además de las pausas para estirarte, intenta incorporar más movimiento a tu rutina diaria. Puedes subir las escaleras en lugar de usar el ascensor, caminar o andar en bicicleta durante tu descanso para el almuerzo o realizar una actividad física que te guste.

Recuerda que la clave para obtener los beneficios de las pausas para estirarse es la consistencia. Intenta hacer una pausa para estirarte cada hora, incluso si solo son unos pocos minutos. Con el tiempo, notarás una diferencia significativa en tu salud física y mental.

Realizar actos aleatorios de amabilidad.

Expande tu corazón y contagia alegría: Beneficios y estrategias para realizar actos aleatorios de amabilidad.

En un mundo que a veces puede parecer frío y hostil, realizar actos aleatorios de amabilidad es una forma sencilla pero poderosa de hacer del mundo un lugar mejor y mejorar el bienestar de los demás y el nuestro.

¿Cuáles son los beneficios de realizar actos aleatorios de amabilidad?

Mejora el estado de ánimo: Ayudar a los demás y realizar actos de bondad libera endorfinas en nuestro cerebro, lo que nos hace sentir más felices y satisfechos.

Reduce el estrés y la ansiedad: Realizar actos de amabilidad desvía nuestra atención de los problemas y preocupaciones cotidianas, lo que nos ayuda a sentirnos más tranquilos y relajados.

Fortalece las relaciones: Ayudar a los demás fortalece nuestras relaciones con ellos y crea un sentido de comunidad.

Aumenta la autoestima: Sentir que estamos haciendo una diferencia en el mundo aumenta nuestra autoestima y nos hace sentirnos más valiosos.

Inspira a los demás: Cuando somos amables con los demás, los inspiramos a ser amables también, creando un efecto dominó de positividad.

Hace del mundo un lugar mejor: Incluso los pequeños actos de amabilidad pueden tener un gran impacto en el mundo, haciendo que sea un lugar más compasivo y solidario.

¿Cómo realizar actos aleatorios de amabilidad?

Abre los ojos a las oportunidades: Presta atención a las personas que te rodean y busca oportunidades para ayudarlas de manera simple y significativa.

Sonríe: Una simple sonrisa puede alegrar el día de alguien.

Ofrece ayuda: Si ves a alguien que necesita ayuda, no dudes en ofrecerla. Puede ser algo tan simple como ayudar a cargar las bolsas de la compra o abrirle la puerta a alguien.

Haz un cumplido: Un cumplido sincero puede alegrar el día de alguien y hacerle sentir bien consigo mismo.

Da las gracias: Expresa tu gratitud a las personas que te rodean, incluso por las pequeñas cosas.

Dona a una causa que te importe: Dona tu tiempo o dinero a una causa que te importe y que ayude a los demás.

Escríbele una carta o nota a alguien: Una carta o nota escrita a mano puede ser un gesto muy significativo y apreciado.

Deja un mensaje positivo: Deja un mensaje positivo en un lugar público para que otros lo vean.

Planta un árbol: Plantar un árbol es una forma de contribuir al medio ambiente y dejar un legado positivo para las generaciones futuras.

Recuerda que no hay un tamaño único para los actos de amabilidad. Lo más importante es que vengan del corazón y que tengan como objetivo hacer del mundo un lugar mejor.

Reducir el consumo de alimentos procesados.

Alimenta tu cuerpo y tu mente: Beneficios y estrategias para reducir el consumo de alimentos procesados.

En la sociedad actual, los alimentos procesados se han convertido en una parte importante de la dieta de muchas personas. Sin embargo, estos alimentos suelen ser altos en calorías, grasas saturadas, sodio y azúcares añadidos, y bajos en nutrientes esenciales, como fibra, vitaminas y minerales. Un consumo excesivo de alimentos procesados puede tener un impacto negativo en la salud, aumentando el riesgo de enfermedades crónicas como la obesidad, las enfermedades cardíacas, la diabetes tipo 2 y algunos tipos de cáncer.

¿Cuáles son los beneficios de reducir el consumo de alimentos procesados?

Mejora la salud en general: Reducir el consumo de alimentos procesados puede ayudar a perder peso o mantener un peso saludable, reducir el riesgo de enfermedades crónicas, mejorar la salud digestiva y aumentar los niveles de energía.

Mejora la calidad del sueño: Los alimentos procesados suelen ser altos en azúcares añadidos, que pueden interrumpir el sueño. Reducir su consumo puede ayudar a dormir mejor por la noche.

Mejora el estado de ánimo: Los alimentos procesados pueden afectar negativamente el estado de ánimo. Reducir su consumo puede ayudar a mejorar el estado de ánimo y reducir los síntomas de depresión y ansiedad.

Aumenta la energía: Los alimentos procesados suelen ser bajos en nutrientes y altos en calorías vacías, lo que puede provocar fatiga y falta de energía. Reducir su consumo y reemplazarlos por alimentos enteros y nutritivos puede aumentar los niveles de energía.

Mejora la salud de la piel: Los alimentos procesados pueden afectar negativamente la salud de la piel. Reducir su consumo y consumir más alimentos ricos en antioxidantes puede ayudar a mejorar la apariencia de la piel.

¿Cómo reducir el consumo de alimentos procesados?

Lee las etiquetas de los alimentos: Presta atención a la lista de ingredientes y al valor nutricional de los alimentos que compras. Elige alimentos con una lista de ingredientes corta y reconocible y que sean bajos en calorías, grasas saturadas, sodio y azúcares añadidos.

Cocina más en casa: Cocinar en casa te permite controlar los ingredientes que usas y evitar los alimentos procesados. Prueba nuevas recetas y experimenta con diferentes sabores.

Planifica tus comidas: Planificar tus comidas con anticipación te ayudará a evitar las compras impulsivas de alimentos procesados. Haz una lista de la compra y cíñete a ella.

Lleva snacks saludables: Ten siempre a mano snacks saludables, como frutas, verduras, frutos secos o yogur griego, para evitar recurrir a los alimentos procesados cuando tengas hambre.

Come despacio y con atención: Presta atención a las señales de tu cuerpo y deja de comer cuando estés satisfecho. Comer despacio te ayudará a disfrutar más de la comida y a evitar comer en exceso.

No te rindas: Reducir el consumo de alimentos procesados lleva tiempo y esfuerzo. No te desanimes si tienes algunos retrocesos. Sigue intentándolo y verás los resultados con el tiempo.

Recuerda que no es necesario eliminar por completo los alimentos procesados de tu dieta. Puedes disfrutarlos de vez en cuando como un placer, pero intenta que sean la excepción y no la regla. Elige alimentos procesados mínimamente que sean bajos en ingredientes artificiales y que contengan algunos nutrientes esenciales.

Establecer límites saludables en las relaciones.

Crea relaciones sanas y duraderas: Beneficios y estrategias para establecer límites saludables.

En la vida, las relaciones interpersonales juegan un papel fundamental en nuestro bienestar emocional y social. Sin embargo, no todas las relaciones son positivas o saludables. A veces, es necesario establecer límites para proteger nuestro bienestar y evitar que las relaciones tóxicas o dañinas nos afecten negativamente.

¿Cuáles son los beneficios de establecer límites saludables en las relaciones?

Mejora la salud mental: Establecer límites te ayuda a sentirte más seguro y empoderado, lo que puede mejorar tu autoestima y tu autoconfianza. También te ayuda a reducir el estrés, la ansiedad y la depresión.

Fortalece las relaciones sanas: Cuando estableces límites claros y saludables, comunicas tus necesidades y expectativas a las demás personas, lo que puede fortalecer las relaciones positivas y constructivas.

Te protege de las relaciones tóxicas: Los límites te ayudan a identificar y evitar las relaciones que son dañinas o abusivas. Te permiten decir "no" a las personas que te hacen sentir mal o que no respetan tus límites.

Mejora la comunicación: Establecer límites te obliga a comunicarte de manera clara y directa con las demás personas, lo que puede mejorar la comunicación en general en tus relaciones.

Te ayuda a cuidar de ti mismo: Los límites te ayudan a priorizar tu propio bienestar y a asegurarte de que estás satisfaciendo tus propias necesidades.

¿Cómo establecer límites saludables en las relaciones?

Identifica tus necesidades y valores: Reflexiona sobre lo que es importante para ti en una relación y qué tipo de comportamiento no estás dispuesto a tolerar.

Comunica tus límites de manera clara y directa: Habla con las personas con las que tienes relaciones y hazles saber cuáles son tus límites. Sé específico y evita mensajes vagos o indirectos.

Sé firme y constante: No te dejes presionar para cambiar tus límites. Si alguien no respeta tus límites, es posible que tengas que reevaluar la relación.

Cuídate a ti mismo: Si te encuentras en una relación tóxica o dañina, busca ayuda de un profesional de la salud mental o de un amigo o familiar de confianza.

Recuerda que mereces respeto: Todos merecen ser tratados con respeto, independientemente de la relación que tengan con los demás. No tengas miedo de establecer límites para proteger tu bienestar.

Establecer límites saludables en las relaciones no siempre es fácil, pero es fundamental para construir relaciones sanas y duraderas. Si te sientes inseguro o no sabes cómo establecer límites, busca ayuda de un profesional de la salud mental o de un amigo o familiar de confianza.

Practicar la autodisciplina

Cultiva tu fuerza interior: Beneficios y estrategias para practicar la autodisciplina

En un mundo lleno de distracciones y tentaciones, practicar la autodisciplina es una habilidad fundamental para alcanzar nuestras metas y objetivos. La autodisciplina nos permite controlar nuestros impulsos, resistir la gratificación inmediata y mantenernos enfocados en lo que realmente importa.

¿Cuáles son los beneficios de practicar la autodisciplina?

Aumenta la productividad: La autodisciplina nos ayuda a mantenernos enfocados en nuestras tareas y a evitar la procrastinación. Esto nos permite ser más productivos y alcanzar nuestras metas de manera más eficiente.

Mejora la salud: La autodisciplina nos permite tomar decisiones saludables, como comer alimentos nutritivos, hacer ejercicio regularmente y dormir lo suficiente. Esto nos ayuda a mejorar nuestra salud física y mental.

Fortalece la voluntad: La autodisciplina nos ayuda a desarrollar la fuerza de voluntad necesaria para resistir las tentaciones y los obstáculos. Esto nos permite superar los desafíos y alcanzar nuestras metas a largo plazo.

Mejora la autoestima: Cuando alcanzamos nuestras metas gracias a la autodisciplina, sentimos una gran satisfacción personal. Esto nos ayuda a mejorar nuestra autoestima y nuestra confianza en nosotros mismos.

Reduce el estrés: La autodisciplina nos ayuda a mantener el control sobre nuestras vidas y a evitar sentirnos abrumados por las responsabilidades. Esto nos ayuda a reducir el estrés y la ansiedad.

¿Cómo practicar la autodisciplina?

Establece metas claras y alcanzables: Define lo que quieres lograr y divídelo en metas más pequeñas y manejables. Esto te ayudará a mantenerte motivado y enfocado.

Crea un plan de acción: Determina qué pasos debes seguir para alcanzar tus metas y establece un cronograma realista. Esto te ayudará a mantenerte organizado y en el camino correcto.

Elimina las distracciones: Identifica las cosas que te distraen de tus metas y elimínalas de tu entorno. Esto podría incluir apagar tu teléfono, cerrar las redes sociales o trabajar en un lugar tranquilo.

Desarrolla hábitos positivos: Incorpora hábitos saludables a tu rutina diaria, como hacer ejercicio regularmente, comer alimentos nutritivos y dormir lo suficiente. Estos hábitos te ayudarán a ser más disciplinado en general.

Recompénsate por tus logros: Celebra tus éxitos, sin importar lo pequeños que sean. Esto te ayudará a mantenerte motivado y a seguir avanzando.

No te desanimes por los contratiempos: Todos cometemos errores y tenemos días malos. Lo importante es aprender de tus errores y volver a intentarlo.

Recuerda que la autodisciplina es una habilidad que se desarrolla con el tiempo y la práctica. No te rindas si no ves resultados inmediatos. Sigue esforzándote y poco a poco verás los beneficios de esta práctica en todos los aspectos de tu vida.

Cultivar relaciones significativas.

Teje una red de apoyo: Beneficios y estrategias para cultivar relaciones significativas

Las relaciones humanas son una parte fundamental de nuestra existencia. Nos brindan apoyo, compañía, amor y comprensión, y nos ayudan a sentirnos conectados con algo más grande que nosotros mismos. Cultivar relaciones significativas con las personas que nos importan es esencial para nuestro bienestar emocional y social.

¿Cuáles son los beneficios de cultivar relaciones significativas?

Mejora la salud mental: Las relaciones sociales fuertes reducen el estrés, la ansiedad y la depresión. Nos ayudan a sentirnos más felices, satisfechos y seguros de nosotros mismos

.

Fortalece la salud física: Las personas con relaciones sociales sólidas tienen un menor riesgo de sufrir enfermedades cardíacas, accidentes cerebrovasculares y demencia. También viven más tiempo.

Aumenta la autoestima: Sentirnos conectados con los demás nos ayuda a sentirnos más valiosos y apreciados. Esto aumenta nuestra autoestima y nuestra confianza en nosotros mismos.

Nos brinda apoyo en momentos difíciles: Cuando pasamos por momentos difíciles, las relaciones significativas nos brindan apoyo emocional y práctico. Nos ayudan a sobrellevar los desafíos y a seguir adelante.

Nos ayuda a crecer como personas: Las relaciones con personas que nos inspiran y desafían nos ayudan a crecer como personas. Nos ayudan a aprender cosas nuevas y a desarrollar nuevas perspectivas.

¿Cómo cultivar relaciones significativas?

Dedica tiempo a las personas que te importan: Haz un esfuerzo por pasar tiempo con las personas que te importan, incluso si estás ocupado. Esto puede incluir pasar tiempo juntos en persona, hablar por teléfono o enviar mensajes de texto.

Escucha atentamente: Cuando estés con alguien, presta atención a lo que te está diciendo. No solo esperes tu turno para hablar. Haz preguntas y muestra interés genuino en su vida.

Sé compasivo y comprensivo: Es importante ser comprensivo y compasivo con las personas que te importan, incluso cuando no estés de acuerdo con ellas. Trata de ver las cosas desde su perspectiva y ofrece tu apoyo.

Sé honesto y abierto: La honestidad y la apertura son esenciales para construir relaciones sólidas. Sé honesto con las personas que te importan sobre tus pensamientos y sentimientos, y escucha atentamente sus opiniones.

Perdona los errores: Todos cometemos errores. Cuando alguien que te importa te lastima, es importante perdonarlo. El perdón no significa que apruebes su comportamiento, sino que significa que estás dispuesto a seguir adelante con la relación.

Expresa tu gratitud: Haz saber a las personas que te importan cuánto las aprecias. Exprésales tu gratitud por su apoyo, amor y amistad.

Cultivar relaciones significativas requiere esfuerzo y dedicación, pero es una de las inversiones más valiosas que puedes hacer en tu vida. Las relaciones sólidas con las personas que te importan te enriquecen de muchas maneras y te ayudan a vivir una vida más feliz y plena.

Apagar los dispositivos electrónicos una hora antes de dormir.

Disfruta de un sueño reparador: Beneficios y estrategias para apagar los dispositivos electrónicos una hora antes de dormir.

En la era digital actual, donde estamos constantemente conectados a nuestros teléfonos, computadoras y tablets, apagar los dispositivos electrónicos una hora antes de dormir puede parecer un desafío, pero es una práctica fundamental para mejorar la calidad del sueño y disfrutar de un descanso reparador.

¿Cuáles son los beneficios de apagar los dispositivos electrónicos una hora antes de dormir?

Reduce la luz azul: Los dispositivos electrónicos emiten luz azul, que suprime la producción de melatonina, una hormona que regula el ciclo del sueño. Apagar los dispositivos electrónicos ayuda a que tu cuerpo produzca melatonina de forma natural, lo que te facilita dormirte más rápido y dormir más profundamente.

Mejora la calidad del sueño: La luz azul de los dispositivos electrónicos también puede interrumpir el sueño, provocando que te despiertes durante la noche y te sientas cansado al día siguiente. Apagar los dispositivos electrónicos una hora antes de dormir te ayuda a dormir un sueño más continuo y reparador.

Reduce el estrés: La luz azul y la estimulación mental que producen los dispositivos electrónicos pueden aumentar el estrés, lo que dificulta conciliar el sueño. Apagar los dispositivos electrónicos te ayuda a relajarte y calmar tu mente antes de acostarte.

Mejora el estado de ánimo: Dormir lo suficiente y de calidad tiene un impacto positivo en tu estado de ánimo. Al apagar los dispositivos electrónicos una hora antes de dormir, te sentirás más descansado, feliz y productivo al día siguiente.

Fortalece la salud física: Dormir lo suficiente es esencial para la salud física en general. Apagar los dispositivos electrónicos una hora antes de dormir te ayuda a fortalecer tu sistema inmunológico, reducir el riesgo de enfermedades crónicas y mejorar tu rendimiento físico.

¿Cómo apagar los dispositivos electrónicos una hora antes de dormir?

Establece una rutina: Crea una rutina de sueño que incluya apagar todos los dispositivos electrónicos una hora antes de acostarte. Esta rutina le dará una señal a tu cuerpo de que es hora de relajarse y prepararse para dormir.

Crea un ambiente de sueño adecuado: Asegúrate de que tu habitación sea oscura, tranquila y fresca. Esto te ayudará a conciliar el sueño más fácilmente.

Realiza actividades relajantes: Antes de acostarte, dedica tiempo a actividades relajantes como leer, tomar un baño caliente o escuchar música tranquila. Esto te ayudará a calmar tu mente y prepararte para dormir.

Evita la cafeína y el alcohol: La cafeína y el alcohol pueden interrumpir el sueño. Evita consumir estas sustancias en las horas previas a acostarte.

Haz ejercicio regularmente: El ejercicio regular puede mejorar la calidad del sueño. Sin embargo, evita hacer ejercicio demasiado cerca de la hora de acostarte.

Si no puedes dormir, levántate de la cama: Si no puedes conciliar el sueño después de 20 minutos, levántate de la cama y haz algo relajante hasta que te sientas cansado. No te quedes en la cama estresándote porque no puedes dormir.

Recuerda que apagar los dispositivos electrónicos una hora antes de dormir es solo una de las cosas que puedes hacer para mejorar la calidad del sueño. Si tienes problemas para dormir de forma regular, consulta con un médico para descartar cualquier problema médico subyacente.

¡Anímate a apagar los dispositivos electrónicos una hora antes de dormir y disfruta de los numerosos beneficios que esta práctica tiene para ofrecer a tu salud y bienestar!

Practicar la escucha activa.

Conecta con los demás: Beneficios y estrategias para practicar la escucha activa

En un mundo donde la comunicación es cada vez más rápida y superficial, practicar la escucha activa se convierte en una habilidad fundamental para fortalecer nuestras relaciones, mejorar la comprensión mutua y resolver conflictos de manera efectiva.

¿Cuáles son los beneficios de practicar la escucha activa?

Mejora las relaciones: La escucha activa nos permite conectar con las personas en un nivel más profundo. Cuando escuchamos atentamente a los demás, les demostramos que nos importa lo que tienen que decir y que valoramos sus sentimientos. Esto ayuda a fortalecer la confianza y la intimidad en nuestras relaciones.

Reduce los malentendidos: La comunicación deficiente es a menudo la causa de malentendidos y conflictos. Al practicar la escucha activa, podemos asegurarnos de comprender correctamente lo que los demás están diciendo, lo que puede ayudar a evitar confusiones y desacuerdos.

Facilita la resolución de conflictos: Cuando escuchamos activamente a la otra persona, podemos comprender mejor su punto de vista y buscar soluciones que satisfagan a ambas partes. Esto puede ayudar a resolver conflictos de manera más efectiva y pacífica.

Aumenta el aprendizaje: La escucha activa nos permite aprender de los demás y ampliar nuestra perspectiva. Cuando escuchamos atentamente a las personas con diferentes experiencias y puntos de vista, podemos ver el mundo de una manera nueva.

Nos ayuda a ser más empáticos: La escucha activa nos permite ponernos en el lugar de los demás y comprender sus sentimientos. Esto nos ayuda a ser más empáticos y compasivos.

¿Cómo practicar la escucha activa?

Presta atención: Cuando alguien te esté hablando, dedícale toda tu atención. Deja de lado las distracciones como tu teléfono o tu computadora y enfócate en lo que te están diciendo.

Mantén el contacto visual: Mirar a los ojos a la persona que te habla le demuestra que estás escuchando atentamente.

Haz gestos de asentimiento: Asentir con la cabeza o hacer otros gestos de asentimiento le indica a la persona que estás siguiendo la conversación.

Evita interrumpir: Deja que la persona termine de hablar antes de responder. No interrumpas ni completes sus oraciones.

Haz preguntas para aclarar: Si no estás seguro de algo, haz preguntas para aclarar. Esto demuestra que estás interesado en lo que te están diciendo y que quieres comprenderlo mejor.

Parafrasea lo que has escuchado: Repite lo que has escuchado con tus propias palabras para asegurarte de que has comprendido correctamente.

Evita emitir juicios: No critiques ni juzgue lo que te están diciendo. Simplemente escucha y trata de comprender su punto de vista.

Expresa tu comprensión: Hazle saber a la persona que has comprendido lo que te ha dicho. Puedes decir algo como "Entiendo lo que estás diciendo" o "Veo tu punto de vista".

Recuerda que la escucha activa es una habilidad que se desarrolla con la práctica. Cuanto más la practiques, mejor te volverás en ella.

Expresar gratitud a los demás.

Cultiva la alegría: Beneficios y estrategias para expresar gratitud a los demás

Expresar gratitud a los demás no solo es un acto amable y cortés, sino que también tiene numerosos beneficios para nuestra salud mental, emocional y social. Al reconocer y apreciar las cosas buenas que las personas hacen por nosotros, fortalecemos nuestras relaciones, mejoramos nuestro estado de ánimo y cultivamos una actitud más positiva ante la vida.

¿Cuáles son los beneficios de expresar gratitud a los demás?

Fortalece las relaciones: Expresar gratitud a las personas que nos importan fortalece nuestros lazos emocionales con ellas. Les demuestra que valoramos su presencia en nuestras vidas y que apreciamos sus esfuerzos. Esto puede generar mayor confianza, intimidad y apoyo mutuo en la relación.

Mejora el estado de ánimo: Cuando expresamos gratitud, nuestro cerebro libera dopamina y serotonina, neurotransmisores asociados con la felicidad y el bienestar. Esto nos ayuda a sentirnos más felices, optimistas y satisfechos con la vida.

Reduce el estrés y la ansiedad: Expresar gratitud nos ayuda a enfocarnos en lo positivo y a desviar la atención de los aspectos negativos de la vida. Esto puede reducir el estrés, la ansiedad y la depresión.

Aumenta la autoestima: Cuando reconocemos las cosas buenas que los demás hacen por nosotros, nos sentimos más valorados y apreciados. Esto puede aumentar nuestra autoestima y nuestra confianza en nosotros mismos.

Promueve la reciprocidad: Expresar gratitud puede inspirar a otros a hacer lo mismo. Cuando las personas se sienten apreciadas, es más probable que sean amables y generosas con los demás. Esto puede crear un círculo virtuoso de positividad en nuestras relaciones.

¿Cómo expresar gratitud a los demás?

Di "gracias": Es la forma más simple y directa de expresar gratitud. Acostúmbrate a agradecer a las personas por las cosas grandes y pequeñas que hacen por ti.

Escribe una nota: Una nota escrita a mano es un gesto personal y significativo que demuestra tu aprecio.

Haz un pequeño regalo: No tiene que ser algo costoso. Un pequeño regalo o un detalle puede ser una forma significativa de mostrar tu gratitud.

Dedica tiempo: Pasar tiempo de calidad con las personas que te importan es una forma valiosa de expresar gratitud.

Elogia sinceramente: Reconoce las cualidades positivas de las personas y hazles saber cuánto las valoras.

Haz favores a los demás: Ayudar a los demás es una forma de expresar gratitud por las cosas buenas que han hecho por ti.

Presta atención a los pequeños detalles: Fíjate en las cosas pequeñas que las personas hacen por ti y exprésales tu agradecimiento.

Recuerda que expresar gratitud no tiene que ser un gran gesto. Incluso las pequeñas muestras de aprecio pueden tener un gran impacto en las relaciones y en nuestro bienestar general.

¡Anímate a expresar gratitud a los demás y disfruta de los numerosos beneficios que esta práctica tiene para ofrecer a tu vida!

Pasar tiempo al aire libre.

Respira aire fresco: Beneficios y estrategias para pasar tiempo al aire libre

En la actualidad, donde pasamos gran parte de nuestro tiempo en espacios cerrados frente a pantallas, pasar tiempo al aire libre se ha convertido en una necesidad fundamental para mejorar nuestra salud física y mental.

Salir a disfrutar del aire libre nos brinda numerosos beneficios, tanto físicos como mentales.

¿Cuáles son los beneficios de pasar tiempo al aire libre?

Mejora la salud física: La exposición a la luz solar aumenta la producción de vitamina D, esencial para la salud de los huesos, el sistema inmunológico y el estado de ánimo.

Además, pasar tiempo al aire libre nos anima a ser más activos, lo que reduce el riesgo de enfermedades como la obesidad, las enfermedades cardíacas y la diabetes.

Reduce el estrés y la ansiedad: El contacto con la naturaleza tiene un efecto calmante en el sistema nervioso. Pasar tiempo al aire libre nos ayuda a relajarnos, reducir el estrés y la ansiedad, y mejorar nuestro estado de ánimo.

Mejora la creatividad y la concentración: La naturaleza tiene un efecto estimulante en el cerebro. Pasar tiempo al aire libre nos ayuda a ser más creativos, mejorar nuestra capacidad de concentración y aumentar la productividad.

Fortalece el sistema inmunológico: Respirar aire fresco ayuda a eliminar toxinas del cuerpo y fortalece el sistema inmunológico, haciéndonos más resistentes a las enfermedades.

Mejora el sueño: La exposición a la luz solar durante el día regula el ritmo circadiano del cuerpo, lo que nos ayuda a dormir mejor por la noche.

¿Cómo pasar más tiempo al aire libre?

Encuentra actividades que te gusten: Hay muchas maneras de disfrutar del aire libre. Puedes salir a caminar, andar en bicicleta, hacer senderismo, nadar, practicar deportes, o simplemente sentarte en un parque y leer un libro.

Planifica actividades al aire libre con amigos o familiares: Pasar tiempo al aire libre con otras personas es aún más divertido y gratificante. Invita a tus amigos o familiares a salir a caminar, hacer una excursión, o ir a un picnic.

Aprovecha el tiempo que pasas al aire libre: Incluso si solo tienes unos minutos al día, intenta salir al aire libre. Camina al trabajo o a la escuela, come tu almuerzo al aire libre, o toma un descanso para caminar durante el día.

Vive en un lugar con acceso a espacios verdes: Si es posible, elige vivir en un lugar con fácil acceso a parques, bosques o áreas naturales. Esto te facilitará pasar más tiempo al aire libre.

Desconecta de los dispositivos electrónicos: Cuando estés al aire libre, trata de desconectarte de tu teléfono, computadora y otros dispositivos electrónicos. Esto te ayudará a disfrutar plenamente del entorno natural y a beneficiarte de sus efectos positivos en tu salud.

Recuerda que pasar tiempo al aire libre no solo es bueno para tu salud física y mental, sino que también te permite conectar con la naturaleza y disfrutar de la belleza del mundo que te rodea.

¡Anímate a salir al aire libre y descubre los numerosos beneficios que esta práctica tiene para ofrecer a tu bienestar!

Practicar la autoreflexión regularmente.

Cultiva tu autoconocimiento: Beneficios y estrategias para practicar la autoreflexión regularmente.

En el ajetreado mundo actual, donde estamos constantemente ocupados con nuestras obligaciones y responsabilidades, practicar la autoreflexión puede parecer un lujo que no nos podemos permitir. Sin embargo, dedicar tiempo a reflexionar sobre nuestros pensamientos, sentimientos y experiencias es una práctica fundamental para crecer como personas, mejorar nuestras relaciones y tomar decisiones más acertadas.

¿Cuáles son los beneficios de practicar la autoreflexión regularmente?

Aumenta el autoconocimiento: La autoreflexión nos ayuda a conocernos mejor a nosotros mismos, nuestras fortalezas y debilidades, nuestros valores y creencias, y nuestras motivaciones. Esto nos permite tomar decisiones más alineadas con quienes somos y lo que queremos en la vida.

Mejora la toma de decisiones: Cuando reflexionamos sobre nuestras experiencias, podemos aprender de nuestros errores y éxitos, y utilizar este conocimiento para tomar mejores decisiones en el futuro.

Reduce el estrés y la ansiedad: La autorreflexión nos ayuda a identificar los factores que nos causan estrés y ansiedad, y a desarrollar estrategias para afrontarlos de manera más efectiva.

Fortalece las relaciones: Al comprendernos mejor a nosotros mismos, podemos comunicarnos con los demás de manera más clara y efectiva. Esto nos ayuda a fortalecer nuestras relaciones y a construir conexiones más profundas con las personas que nos importan.

Promueve el crecimiento personal: La autorreflexión nos permite identificar áreas de nuestra vida que podemos mejorar, y nos motiva a tomar medidas para alcanzar nuestras metas.

¿Cómo practicar la autorreflexión regularmente?

Dedica tiempo a reflexionar: Reserva un tiempo específico cada día o cada semana para reflexionar sobre tus pensamientos, sentimientos y experiencias. Puedes escribir en un diario, hacer una meditación o simplemente tomarte unos minutos para pensar en silencio.

Haz preguntas que te inviten a reflexionar: Algunas preguntas que puedes hacerte son: ¿Qué me hace feliz? ¿Qué me hace sentir frustrado? ¿Cuáles son mis valores? ¿Cuáles son mis metas? ¿Qué puedo hacer para mejorar mi vida?

Sé honesto contigo mismo: La autorreflexión solo es efectiva si eres honesto contigo mismo. No tengas miedo de admitir tus errores o de enfrentar tus miedos.

No te juzgues: La autoreflexión no se trata de juzgarte a ti mismo, sino de comprenderte mejor. Acepta tus fortalezas y debilidades con compasión.

Aprende de tus experiencias: Reflexiona sobre tus experiencias, tanto positivas como negativas. ¿Qué puedes aprender de ellas? ¿Cómo puedes usar este conocimiento para mejorar tu vida?

Busca ayuda si la necesitas: Si te resulta difícil practicar la autoreflexión por tu cuenta, puedes buscar ayuda de un terapeuta o consejero.

Recuerda que la autoreflexión es un proceso continuo. Cuanto más la practiques, mejor te conocerás a ti mismo y mejor podrás tomar decisiones acertadas en la vida.

¡Anímate a practicar la autoreflexión regularmente y disfruta de los numerosos beneficios que esta práctica tiene para ofrecer a tu bienestar y crecimiento personal!

Seguir una rutina de cuidado personal.

Prioriza tu bienestar: La importancia y estrategias para seguir una rutina de cuidado personal.

En el ajetreo de la vida diaria, es fácil descuidar nuestro bienestar físico, mental y emocional. Sin embargo, dedicar tiempo al cuidado personal no es un lujo, sino una necesidad fundamental para mantener una vida sana, feliz y equilibrada.

¿Por qué es importante seguir una rutina de cuidado personal?

Reduce el estrés y la ansiedad: El estrés y la ansiedad son factores que pueden afectar negativamente nuestra salud física y mental. Una rutina de cuidado personal nos ayuda a relajarnos, desestresarnos y recargar energías, lo que nos permite afrontar mejor los desafíos de la vida diaria.

Mejora el estado de ánimo: Cuando cuidamos de nosotros mismos, nos sentimos más felices y optimistas. Esto se debe a que el cuidado personal libera endorfinas, las hormonas de la felicidad, en nuestro cerebro.

Aumenta la autoestima: Cuidar de nuestra apariencia física y mental nos ayuda a sentirnos más seguros y confiados en nosotros mismos. Esto tiene un impacto positivo en nuestras relaciones y en todas las áreas de nuestra vida.

Promueve un estilo de vida saludable: Una rutina de cuidado personal puede incluir hábitos saludables como hacer ejercicio, comer sano y dormir lo suficiente. Estos hábitos son esenciales para mantener una buena salud física y prevenir enfermedades.

Nos ayuda a alcanzar nuestras metas: Cuando nos sentimos bien física y mentalmente, tenemos más energía y motivación para alcanzar nuestras metas. El cuidado personal nos ayuda a centrarnos en lo que es importante para nosotros y a tomar las medidas necesarias para lograrlo.

¿Cómo crear una rutina de cuidado personal?

Identifica tus necesidades: Reflexiona sobre qué te hace sentir bien y qué áreas de tu vida necesitan más atención. ¿Te sientes estresado? ¿Necesitas más tiempo para ti mismo? ¿Te gustaría mejorar tu estado físico?

Establece metas realistas: No trates de cambiar todo de la noche a la mañana. Comienza con pequeños pasos y establece metas realistas que puedas alcanzar.

Elige actividades que te gusten: El cuidado personal debe ser algo agradable. Elige actividades que te hagan sentir bien y que te motiven a seguir adelante.

Programa tiempo para tu rutina: Reserva un tiempo específico en tu día o semana para tu rutina de cuidado personal. Trata de cumplir con este horario lo más que puedas.

Sé flexible: La vida no siempre es predecible. Es posible que tengas que ajustar tu rutina de vez en cuando. No te desanimes si no puedes cumplir con tu plan perfecto todos los días.

Empieza poco a poco: No es necesario que hagas grandes cambios de inmediato. Comienza con pequeños pasos y ve aumentando gradualmente la cantidad de tiempo que dedicas al cuidado personal.

Sé constante: La clave para el éxito es la constancia. Trata de seguir tu rutina de cuidado personal la mayoría de los días, incluso cuando no te apetezca.

Recuerda que el cuidado personal es una inversión en ti mismo. Cuanto más tiempo y energía dediques a tu bienestar, mejor te sentirás física, mental y emocionalmente.

¡Anímate a crear una rutina de cuidado personal y disfruta de los numerosos beneficios que esta práctica tiene para ofrecer a tu vida!

Ser proactivo en la resolución de problemas.

Toma el control: La importancia y estrategias para ser proactivo en la resolución de problemas.

En el transcurso de la vida, nos enfrentamos a una multitud de desafíos y obstáculos. La forma en que abordamos estos problemas determina en gran medida nuestro éxito y bienestar. Ser proactivo en la resolución de problemas significa tomar la iniciativa para identificar, analizar y solucionar problemas de manera efectiva.

A diferencia del enfoque reactivo, donde esperamos a que los problemas surjan para reaccionar, la proactividad nos permite anticiparnos a las dificultades y tomar medidas preventivas.

¿Por qué es importante ser proactivo en la resolución de problemas?

Reduce el estrés y la ansiedad: Evitar que los problemas escalen y abordarlos de manera oportuna nos ayuda a sentirnos más en control de nuestra situación, lo que reduce el estrés y la ansiedad.

Aumenta la confianza en uno mismo: Resolver problemas de manera efectiva nos ayuda a desarrollar nuestra confianza en nuestras habilidades y capacidades.

Mejora las relaciones: Ser proactivo en la resolución de conflictos nos ayuda a comunicarnos mejor con los demás y a construir relaciones más sólidas.

Promueve el crecimiento personal: Enfrentar y superar desafíos nos da la oportunidad de aprender y crecer como personas.

Alcanza metas: Ser proactivo nos ayuda a identificar los obstáculos que pueden impedirnos alcanzar nuestras metas y a desarrollar estrategias para superarlos.

¿Cómo ser proactivo en la resolución de problemas?

Identifica los problemas: El primer paso para resolver un problema es identificarlo claramente. Presta atención a las señales de advertencia y no ignores los pequeños problemas antes de que se conviertan en algo más grande.

Analiza el problema: Una vez que hayas identificado el problema, tómate el tiempo para analizarlo en detalle. ¿Cuáles son las causas del problema? ¿Qué consecuencias puede tener? ¿Qué recursos tienes disponibles para solucionarlo?

Genera soluciones: Una vez que hayas comprendido el problema, brainstorm diferentes soluciones posibles. No te limites a la primera idea que te venga a la mente. Cuantos más enfoques diferentes consideres, mejor.

Evalúa las soluciones: No todas las soluciones serán viables o efectivas. Evalúa cada opción cuidadosamente considerando los pros y los contras de cada una.

Elige una solución: Una vez que hayas evaluado las diferentes opciones, elige la solución que consideres más adecuada.

Implementa la solución: Una vez que hayas elegido una solución, ponla en práctica de manera efectiva. Asegúrate de tener un plan claro y de contar con los recursos necesarios.

Evalúa los resultados: Una vez que hayas implementado la solución, evalúa los resultados. ¿Funcionó como esperabas? ¿Necesitas hacer algún ajuste?

Recuerda que ser proactivo en la resolución de problemas no significa que nunca tengas problemas. Sin embargo, te da las herramientas y la mentalidad necesarias para abordar los desafíos de manera efectiva y alcanzar tus metas.

¡Anímate a ser proactivo en la resolución de problemas y descubre los numerosos beneficios que esta práctica tiene para ofrecer a tu vida!

Practicar la visualización de metas.

Alcanza tus sueños: La importancia y estrategias para practicar la visualización de metas

En el camino hacia el éxito, visualizar nuestras metas es una herramienta poderosa que nos permite enfocarnos, motivarnos y aumentar nuestras posibilidades de alcanzarlas.

A través de la visualización, creamos imágenes mentales vívidas y detalladas de lo que queremos lograr.

Al hacer esto, entrenamos a nuestro cerebro para reconocer estas metas como algo real y alcanzable, lo que nos ayuda a desarrollar las creencias, actitudes y comportamientos necesarios para hacerlas realidad.

¿Por qué es importante practicar la visualización de metas?

Aumenta la claridad y la concentración: La visualización nos ayuda a definir claramente nuestras metas y a enfocarnos en lo que queremos lograr. Esto nos permite evitar distracciones y concentrar nuestra energía en lo que es importante.

Fortalece la motivación: Al visualizar el éxito, sentimos una oleada de emociones positivas como la alegría, la emoción y la confianza. Estas emociones nos motivan a tomar acción y a perseverar ante los obstáculos.

Desarrolla la confianza en uno mismo: La visualización nos ayuda a creer en nosotros mismos y en nuestras capacidades para alcanzar nuestras metas. Esto es esencial para superar los miedos y las dudas que pueden impedirnos avanzar.

Mejora el rendimiento: La visualización puede mejorar nuestro rendimiento en actividades físicas y mentales. Al visualizar el éxito, entrenamos a nuestro cuerpo y a nuestra mente para funcionar de manera óptima.

Promueve la creatividad: La visualización nos permite explorar diferentes posibilidades y a encontrar soluciones creativas a los problemas.

¿Cómo practicar la visualización de metas?

Encuentra un lugar tranquilo: Busca un lugar donde puedas relajarte y concentrarte sin interrupciones.

Adopta una postura cómoda: Siéntate o acuéstate en una posición cómoda que te permita respirar profundamente.

Cierra los ojos: Cierra los ojos y concéntrate en tu respiración. Siente cómo el aire entra y sale de tu cuerpo.

Imagina tu meta: Imagina tu meta como si ya la hubieras logrado. Utiliza todos tus sentidos para crear una imagen vívida y detallada.

Siente las emociones: Siente las emociones positivas que te invadirían al alcanzar tu meta. La alegría, la satisfacción, el orgullo, etc.

Afirma tu éxito: Repite en voz alta o en tu mente afirmaciones positivas que refuercen tu creencia en el logro de tu meta.

Visualiza con frecuencia: Practica la visualización de metas con regularidad. Lo ideal es visualizar tu meta al menos una vez al día.

Recuerda que la visualización es una herramienta poderosa, pero no es mágica. Para alcanzar tus metas, es necesario que tomes acción y trabajes duro.

Sin embargo, la visualización puede ser un complemento invaluable en tu camino hacia el éxito.

¡Anímate a practicar la visualización de metas y descubre el poder que tiene para transformar tus sueños en realidad!

Establecer límites de tiempo para las tareas.

Domina tu tiempo: La importancia y estrategias para establecer límites de tiempo para las tareas.

En un mundo donde las distracciones abundan y las demandas sobre nuestro tiempo son constantes, establecer límites de tiempo para las tareas se convierte en una habilidad fundamental para gestionar nuestro tiempo de manera efectiva, aumentar nuestra productividad y reducir el estrés.

Al asignar un tiempo específico para cada tarea, evitamos la procrastinación, nos enfocamos en lo que es importante y aprovechamos al máximo nuestro tiempo.

¿Por qué es importante establecer límites de tiempo para las tareas?

Mejora la concentración: Cuando sabemos que tenemos un tiempo limitado para completar una tarea, nos concentramos mejor y evitamos distraernos con otras actividades.

Aumenta la productividad: Al establecer límites de tiempo, somos más propensos a trabajar de manera más eficiente y a completar las tareas en el tiempo previsto.

Reduce el estrés: La sensación de logro que se obtiene al completar una tarea dentro del tiempo límite establecido reduce el estrés y la ansiedad.

Nos ayuda a identificar nuestras prioridades: Al estimar cuánto tiempo nos llevará cada tarea, podemos identificar las tareas más importantes y asegurarnos de dedicarles el tiempo suficiente.

Nos enseña a decir "no": Establecer límites de tiempo nos ayuda a aprender a decir "no" a otras tareas o compromisos que podrían interferir con nuestras prioridades.

¿Cómo establecer límites de tiempo para las tareas?

Estima el tiempo necesario: Para cada tarea, estima cuánto tiempo crees que te llevará completarla. Sé realista y considera tu nivel de experiencia y la complejidad de la tarea.

Utiliza un temporizador: Una vez que hayas estimado el tiempo necesario, utiliza un temporizador para ayudarte a mantenerte en el camino correcto.

Elimina las distracciones: Durante el tiempo que hayas asignado a la tarea, elimina todas las distracciones posibles, como tu teléfono celular, el correo electrónico y las redes sociales.

Haz pausas regulares: Si trabajas en una tarea durante un período prolongado, toma pausas regulares para descansar y recargar energías.

Sé flexible: Si no puedes completar una tarea dentro del tiempo límite establecido, no te desanimes. Simplemente reajusta tu estimación de tiempo para la próxima vez.

Recompénsate: Cuando completes una tarea dentro del tiempo límite establecido, recompénsate por tu logro. Esto te ayudará a mantenerte motivado.

Recuerda que establecer límites de tiempo para las tareas es un proceso de aprendizaje.

Mantener un espacio ordenado y limpio.

Un espacio limpio, una mente clara: La importancia y estrategias para mantener un espacio ordenado y limpio.

En el ajetreo de la vida diaria, mantener nuestro espacio ordenado y limpio puede parecer una tarea tediosa y que requiere mucho tiempo.

Sin embargo, los beneficios de vivir en un entorno organizado y libre de desorden son numerosos y tangibles, tanto para nuestra salud física como mental.

Un espacio ordenado y limpio promueve la claridad mental, reduce el estrés, aumenta la productividad y crea un ambiente más armonioso y agradable.

Por el contrario, un espacio desordenado y caótico puede generar ansiedad, dificultar la concentración y afectar negativamente nuestro estado de ánimo.

¿Por qué es importante mantener un espacio ordenado y limpio?

Mejora la salud física: Un espacio limpio reduce la acumulación de polvo, ácaros y otros alérgenos que pueden desencadenar problemas respiratorios y otras alergias.

Reduce el estrés: El desorden puede ser una fuente de estrés visual y mental. Un espacio ordenado y limpio, por el contrario, crea un ambiente más tranquilo y relajante.

Aumenta la productividad: Cuando nuestro espacio de trabajo está ordenado, es más fácil encontrar las cosas que necesitamos y podemos concentrarnos mejor en nuestras tareas.

Promueve la creatividad: Un espacio organizado y limpio puede estimular la creatividad y la generación de nuevas ideas.

Mejora las relaciones: Un espacio limpio y agradable puede mejorar las relaciones con las personas que viven o trabajan con nosotros.

¿Cómo mantener un espacio ordenado y limpio?

Adopta el hábito de ordenar: Dedica unos minutos cada día a ordenar tu espacio. Incluso pequeños cambios pueden tener un gran impacto.

Establece un sistema de organización: Decide dónde guardar cada cosa y utiliza estantes, cajones, cajas y otros elementos para mantener todo en su lugar.

Deshazte de lo que no necesitas: No acumules cosas que no usas o que ya no te sirven. Dónalas, véndelas o tíralas.

Limpia con regularidad: Establece una rutina de limpieza regular para mantener tu espacio libre de polvo y suciedad.

Involucra a los demás: Si vives con otras personas, involúcrales en las tareas de limpieza y organización.

No te desanimes: Mantener un espacio ordenado y limpio es un proceso continuo. No te desanimes si no logras mantener el orden perfecto todo el tiempo.

Recuerda que un espacio ordenado y limpio es un reflejo de nuestro estado mental.

Al cuidar nuestro entorno, estamos cuidando también de nuestra salud física y mental.

¡Anímate a mantener un espacio ordenado y limpio y descubre los numerosos beneficios que esta práctica tiene para ofrecer a tu bienestar!

Evitar el multitasking y concentrarse en una tarea a la vez.

Domina una tarea a la vez: La importancia y estrategias para evitar el multitasking y concentrarse en una tarea a la vez.

En un mundo que nos exige estar constantemente conectados y multitasking, enfocarse en una sola tarea a la vez se ha convertido en una habilidad fundamental para mejorar nuestra productividad, reducir el estrés y aumentar nuestro bienestar.

Si bien la idea de realizar varias tareas al mismo tiempo puede parecer atractiva, la realidad es que el multitasking tiene un impacto negativo en la calidad de nuestro trabajo y en nuestra capacidad de concentración.

¿Por qué es importante evitar el multitasking y concentrarse en una tarea a la vez?

Mejora la calidad del trabajo: Cuando nos concentramos en una sola tarea, podemos dedicarle toda nuestra atención y esfuerzo, lo que se traduce en un trabajo de mayor calidad.

Aumenta la productividad: Si bien puede parecer que hacer varias cosas a la vez nos permite avanzar más rápido, lo cierto es que al cambiar constantemente de tarea perdemos tiempo y eficiencia.

Reduce el estrés: El multitasking puede generar ansiedad y estrés debido a la sobrecarga mental que implica.

Mejora la memoria: Concentrarse en una sola tarea nos ayuda a procesar la información de manera más efectiva y a mejorar nuestra memoria.

Promueve la creatividad: Cuando estamos enfocados en una tarea, es más probable que se nos ocurran nuevas ideas y soluciones creativas.

¿Cómo evitar el multitasking y concentrarse en una tarea a la vez?

Establece prioridades: Decide qué tareas son más importantes y concéntrate en ellas una a la vez.

Elimina las distracciones: Apaga tu teléfono, cierra las notificaciones del correo electrónico y busca un lugar tranquilo para trabajar.

Utiliza técnicas de concentración: Existen diferentes técnicas que pueden ayudarte a concentrarte, como la técnica Pomodoro o la meditación.

Toma descansos regulares: Es importante tomar descansos cortos cada cierto tiempo para evitar la fatiga mental.

Sé paciente: No esperes resultados inmediatos. Cambiar tus hábitos de trabajo requiere tiempo y esfuerzo.

Recuerda que evitar el multitasking y concentrarse en una tarea a la vez es una inversión en tu productividad, tu bienestar y tu éxito.

¡Anímate a adoptar este enfoque y descubre los numerosos beneficios que tiene para ofrecer a tu vida!

Hacer pausas cortas durante el trabajo.

Refresca tu mente y tu cuerpo: La importancia y estrategias para hacer pausas cortas durante el trabajo.

En el mundo laboral actual, donde la presión y la exigencia son cada vez mayores, hacer pausas cortas durante el trabajo se ha convertido en una práctica fundamental para mantener la concentración, la productividad y el bienestar.

Si bien la idea de tomarse un descanso puede parecer contraproducente, la realidad es que los beneficios de las pausas cortas son numerosos y tangibles, tanto para nuestra salud física como mental.

¿Por qué es importante hacer pausas cortas durante el trabajo?

Mejora la concentración: Al tomar pausas regulares, evitamos la fatiga mental y podemos mantenernos enfocados en nuestras tareas durante más tiempo.

Aumenta la productividad: Las pausas cortas ayudan a refrescar la mente y el cuerpo, lo que nos permite volver al trabajo con mayor energía y motivación.

Reduce el estrés: El estrés es un factor que puede afectar negativamente nuestra salud y nuestro rendimiento. Las pausas cortas nos ayudan a relajarnos y a reducir los niveles de estrés.

Mejora la creatividad: Cuando estamos descansados y relajados, es más probable que se nos ocurran nuevas ideas y soluciones creativas.

Promueve el bienestar físico: Las pausas cortas nos permiten levantarnos de la silla, estirarnos y caminar, lo que previene la fatiga muscular y otros problemas de salud.

¿Cómo hacer pausas cortas durante el trabajo?

Establece un horario: Decide con qué frecuencia vas a tomar pausas y programa un recordatorio en tu calendario o en tu teléfono.

Levántate y muévete: Durante la pausa, levántate de la silla y camina un poco. También puedes hacer algunos ejercicios de estiramiento.

Desconecta: Cierra tu ordenador, apaga tu teléfono y busca un lugar tranquilo para descansar.

Haz algo que te relaje: Puedes leer un libro, escuchar música, meditar o simplemente cerrar los ojos y respirar profundamente.

No te excedas: Las pausas deben ser cortas, de unos 5 a 10 minutos. No aproveches la pausa para hacer otras cosas que te distraigan del trabajo.

Recuerda que hacer pausas cortas durante el trabajo no es un lujo, sino una necesidad.

Al cuidar de tu bienestar físico y mental, estás cuidando también de tu productividad y tu éxito.

¡Anímate a hacer pausas cortas durante el trabajo y descubre los numerosos beneficios que esta práctica tiene para ofrecer a tu vida!

Cultivar la paciencia.

La semilla de la paciencia: Beneficios y estrategias para cultivarla

En el ajetreo de la vida moderna, donde todo parece ir a toda velocidad, cultivar la paciencia se ha convertido en una virtud cada vez más necesaria.

Ser paciente significa mantener la calma y la compostura ante situaciones difíciles o desafiantes, evitando la frustración, la ira o el resentimiento.

Esta habilidad no solo nos ayuda a manejar mejor el estrés y las emociones negativas, sino que también nos permite tomar decisiones más acertadas y construir relaciones más sólidas.

¿Por qué es importante cultivar la paciencia?

Reduce el estrés y la ansiedad: La impaciencia puede ser una fuente de estrés y ansiedad. Al ser pacientes, aprendemos a aceptar que no siempre podemos controlar lo que sucede a nuestro alrededor y a manejar mejor las situaciones difíciles.

Mejora la salud mental: La paciencia está relacionada con una mejor salud mental. Las personas pacientes tienden a ser más felices, optimistas y resilientes.

Fortalece las relaciones: La paciencia es esencial para construir y mantener relaciones saludables. Al ser pacientes, podemos escuchar mejor a los demás, comprender sus puntos de vista y perdonar sus errores.

Nos ayuda a tomar mejores decisiones: Cuando estamos impacientes, es más probable que tomemos decisiones impulsivas o apresuradas. La paciencia nos permite tomarnos el tiempo necesario para analizar la situación y elegir el mejor curso de acción.

Nos ayuda a alcanzar nuestras metas: Cultivar la paciencia nos permite perseverar ante los obstáculos y no rendirnos fácilmente. Esto es esencial para alcanzar nuestras metas a largo plazo.

¿Cómo cultivar la paciencia?

Practica la gratitud: Enfócate en las cosas buenas de tu vida y expresa gratitud por ellas. Esto te ayudará a mantener una actitud positiva y a ser más tolerante con las dificultades.

Respira profundamente: Cuando te sientas impaciente, toma unos minutos para respirar profundamente. Esto te ayudará a calmarte y a aclarar tu mente.

Cambia tu perspectiva: Intenta ver las situaciones difíciles desde diferentes perspectivas. Esto te ayudará a comprender mejor la situación y a encontrar soluciones más creativas.

Acepta que no puedes controlar todo: No siempre podemos controlar lo que sucede a nuestro alrededor. Aprende a aceptar esto y a enfocarte en lo que sí puedes controlar.

Practica la empatía: Ponte en el lugar de los demás y trata de comprender sus sentimientos. Esto te ayudará a ser más tolerante y comprensivo.

Ten paciencia contigo mismo: Cultivar la paciencia lleva tiempo y esfuerzo. No te desanimes si no logras ser paciente de inmediato. Sigue practicando y verás cómo poco a poco vas mejorando.

Recuerda que la paciencia es una habilidad que se puede desarrollar con el tiempo y la práctica.

Al cultivar la paciencia, estás invirtiendo en tu bienestar mental, en tus relaciones y en tu éxito personal.

¡Anímate a cultivar la paciencia y descubre los numerosos beneficios que esta práctica tiene para ofrecer a tu vida!

Establecer un presupuesto financiero y revisarlo regularmente.

Domina tus finanzas: La importancia y estrategias para establecer un presupuesto financiero y revisarlo regularmente.

En el camino hacia la estabilidad financiera, establecer un presupuesto es una herramienta fundamental para tomar control de tus finanzas, alcanzar tus metas financieras y vivir una vida más tranquila y libre de estrés.

Un presupuesto te permite planificar tus ingresos y gastos, asegurándote de que no gastes más de lo que ganas.

Además, te ayuda a identificar áreas donde puedes ahorrar dinero, tomar decisiones financieras más informadas y alcanzar tus objetivos financieros a corto y largo plazo.

¿Por qué es importante establecer un presupuesto financiero y revisarlo regularmente?

Te ayuda a vivir dentro de tus posibilidades: Al saber cuánto dinero tienes disponible para gastar cada mes, puedes evitar endeudarte o gastar dinero que no tienes.

Te permite ahorrar para tus metas: Un presupuesto te ayuda a identificar cuánto dinero puedes ahorrar cada mes para alcanzar tus metas financieras, como comprar una casa, pagar tus estudios o jubilarte anticipadamente.

Te ayuda a tomar mejores decisiones financieras: Al tener un panorama claro de tus finanzas, puedes tomar decisiones más informadas sobre cómo gastar, ahorrar e invertir tu dinero.

Reduce el estrés financiero: El estrés financiero puede tener un impacto negativo en tu salud física y mental. Un presupuesto te ayuda a reducir el estrés al darte control sobre tus finanzas.

Te ayuda a alcanzar tus metas financieras: Un presupuesto es una herramienta esencial para alcanzar tus metas financieras, ya sean a corto o largo plazo.

¿Cómo establecer un presupuesto financiero y revisarlo regularmente?

Define tus metas financieras: ¿Qué quieres lograr con tu dinero? ¿Quieres comprar una casa, pagar tus deudas, ahorrar para tu jubilación o simplemente tener más control sobre tus finanzas?

Registra tus ingresos: Anota todos tus ingresos mensuales, incluyendo tu salario, cualquier ingreso adicional que recibas, como intereses o dividendos, y cualquier otro ingreso regular.

Registra tus gastos: Anota todos tus gastos mensuales, incluyendo el alquiler o la hipoteca, las facturas de servicios públicos, la comida, el transporte, el entretenimiento y cualquier otro gasto regular.

Clasifica tus gastos: Divide tus gastos en categorías, como vivienda, transporte, alimentación, entretenimiento y otros. Esto te ayudará a identificar las áreas donde puedes ahorrar dinero.

Crea un plan de gastos: Determina cuánto dinero puedes gastar en cada categoría cada mes. Asegúrate de que tus gastos totales no superen tus ingresos.

Revisa tu presupuesto regularmente: Revisa tu presupuesto al menos una vez al mes para asegurarte de que estás en el camino correcto. Ajusta tu presupuesto según sea necesario si tus ingresos o gastos cambian.

Utiliza herramientas para ayudarte: Hay muchas herramientas disponibles para ayudarte a crear y administrar tu presupuesto. Puedes usar una hoja de cálculo, una aplicación de presupuesto o un software de finanzas personales.

Recuerda que un presupuesto es una herramienta flexible que debe adaptarse a tus necesidades y circunstancias.

No te desanimes si no te sale perfecto al principio. Lo importante es que lo uses regularmente y que lo ajustes según sea necesario.

¡Anímate a establecer un presupuesto financiero y descubre los numerosos beneficios que esta práctica tiene para ofrecer a tu bienestar financiero!

Fomentar la creatividad mediante actividades como el dibujo, la pintura o la escritura.

Despierta tu creatividad: La importancia y estrategias para fomentarla mediante actividades como el dibujo, la pintura o la escritura.

En un mundo cada vez más homogéneo y estandarizado, fomentar la creatividad se ha convertido en una necesidad fundamental para el desarrollo personal, la innovación y el bienestar individual.

La creatividad no solo nos permite expresar nuestras ideas y emociones de manera única, sino que también nos ayuda a pensar de manera más crítica, resolver problemas de manera innovadora y adaptarnos a los cambios.

¿Por qué es importante fomentar la creatividad mediante actividades como el dibujo, la pintura o la escritura?

Mejora el desarrollo cognitivo: Las actividades creativas, como el dibujo, la pintura o la escritura, estimulan el desarrollo de diversas funciones cognitivas, como la imaginación, la memoria, la atención y la flexibilidad mental.

Promueve la resolución de problemas: La creatividad nos permite abordar los problemas desde diferentes perspectivas y encontrar soluciones innovadoras.

Aumenta la autoestima: Expresar nuestra creatividad nos ayuda a sentirnos más confiados y seguros de nosotros mismos.

Reduce el estrés: Las actividades creativas pueden ser una forma efectiva de relajarnos y canalizar el estrés.

Mejora la comunicación: La creatividad nos permite comunicarnos de manera más efectiva con los demás, tanto verbalmente como no verbalmente.

¿Cómo fomentar la creatividad mediante actividades como el dibujo, la pintura o la escritura?

Dedica tiempo a la creatividad: Establece un espacio y un tiempo específico para realizar actividades creativas.

Explora diferentes técnicas: Prueba diferentes técnicas de dibujo, pintura o escritura para encontrar la que más te guste.

No tengas miedo de experimentar: No te limites a lo que ya sabes hacer. Atrévete a experimentar con diferentes materiales, estilos y técnicas.

No busques la perfección: Lo importante es que te diviertas y expreses tu creatividad. No te preocupes por si tus obras son perfectas o no.

Comparte tu trabajo con los demás: Comparte tus obras con amigos, familiares o en una comunidad online. Esto te ayudará a recibir feedback y a mejorar tu creatividad.

Busca inspiración en todo lo que te rodea: Observa el mundo que te rodea y busca inspiración en la naturaleza, el arte, la música, la literatura y otras fuentes.

Toma clases o talleres: Si quieres aprender más sobre dibujo, pintura o escritura, puedes tomar clases o talleres con un profesional.

Recuerda que la creatividad es una habilidad que se puede desarrollar con la práctica y la constancia.

No importa si eres un artista experimentado o si recién comienzas a explorar tu lado creativo. Lo importante es que te diviertas, experimentes y expreses tu creatividad de la manera que más te guste.

¡Anímate a fomentar la creatividad en tu vida y descubre los numerosos beneficios que esta práctica tiene para ofrecer a tu desarrollo personal y bienestar!

Aprender a decir "no" de manera asertiva.

El poder del "no": Beneficios y estrategias para aprender a decirlo de manera asertiva

En el ajetreo de la vida diaria, donde las demandas y las solicitudes parecen ser infinitas, aprender a decir "no" de manera asertiva se ha convertido en una habilidad fundamental para establecer límites saludables, proteger nuestro bienestar y construir relaciones más sanas.

Decir "no" no significa ser egoísta o desagradable. Al contrario, es una forma de respetarnos a nosotros mismos y a nuestras necesidades, y de comunicar de manera clara y directa lo que estamos dispuestos a hacer y lo que no.

¿Por qué es importante aprender a decir "no" de manera asertiva?

Nos ayuda a establecer límites saludables: Al decir "no", podemos poner límites a lo que estamos dispuestos a dar o hacer, evitando que nos sobrecarguemos de responsabilidades o que nos aprovechen de nosotros.

Nos protege de la manipulación: Las personas manipuladoras pueden intentar presionarnos para que hagamos lo que quieren, incluso si no queremos hacerlo. Aprender a decir "no" de manera asertiva nos ayuda a protegernos de este tipo de manipulación.

Nos ayuda a tomar decisiones más acertadas: Cuando decimos "sí" a todo, no nos damos tiempo para pensar si realmente queremos hacerlo o si tenemos la capacidad para hacerlo. Decir "no" nos permite evaluar las situaciones con más detenimiento y tomar decisiones más acertadas.

Nos ayuda a expresar nuestras necesidades: Al decir "no", podemos comunicar de manera clara y directa nuestras necesidades y prioridades a los demás.

Mejora nuestras relaciones: Aprender a decir "no" de manera asertiva puede mejorar nuestras relaciones con los demás, ya que nos permite establecer una comunicación más honesta y abierta.

¿Cómo aprender a decir "no" de manera asertiva?

Sé directo y claro: Cuando digas "no", sé directo y claro sobre tus razones. No andes con rodeos ni des excusas que no son ciertas.

Sé firme: Di "no" con voz firme y segura. No te disculpes ni te justifiques demasiado.

Ofrece alternativas: Si es posible, ofrece alternativas a la persona que te está pidiendo algo. Esto puede ayudarla a aceptar tu "no" de mejor manera.

Agradece su comprensión: Agradece a la persona su comprensión, incluso si no está contenta con tu respuesta.

Practica: Cuanto más practiques decir "no", más fácil te resultará. Puedes empezar por decir "no" a pequeñas peticiones y luego ir aumentando gradualmente la dificultad.

Recuerda que tienes derecho a decir "no": Es importante recordar que tienes derecho a decir "no" a cualquier cosa que no quieras hacer. No dejes que nadie te presione para que hagas algo que no quieres hacer.

Aprender a decir "no" de manera asertiva puede ser un desafío, pero es una habilidad que vale la pena desarrollar.

Al decir "no" de manera asertiva, estás cuidando de ti mismo, de tus necesidades y de tu bienestar.

¡Anímate a aprender a decir "no" y descubre los numerosos beneficios que esta práctica tiene para ofrecer a tu vida!

Establecer rutinas para dormir y despertar.

Domina tu sueño: La importancia y estrategias para establecer rutinas para dormir y despertar.

En la búsqueda de una vida saludable y plena, establecer rutinas de sueño y despertar se ha convertido en una práctica fundamental para mejorar la calidad del sueño, aumentar la energía y el rendimiento durante el día, y fortalecer el sistema inmunológico.

Un sueño regular y de calidad nos permite descansar el cuerpo y la mente, preparándonos para enfrentar los desafíos del día a día con mayor energía y concentración.

¿Por qué es importante establecer rutinas para dormir y despertar?

Mejora la calidad del sueño: Dormir a la misma hora cada noche y despertarse a la misma hora cada mañana ayuda a regular el reloj biológico del cuerpo, lo que se traduce en un sueño más profundo y reparador.

Aumenta la energía: Un sueño de calidad nos permite sentirnos más descansados y con más energía durante el día.

Mejora el rendimiento: Dormir lo suficiente mejora la concentración, la memoria y la capacidad de aprendizaje.

Fortalece el sistema inmunológico: Un sueño adecuado ayuda a fortalecer el sistema inmunológico, haciéndonos más resistentes a las enfermedades.

Reduce el estrés: Dormir lo suficiente puede ayudar a reducir el estrés y la ansiedad.

Mejora el estado de ánimo: Un sueño de calidad puede mejorar el estado de ánimo y reducir los síntomas de depresión.

¿Cómo establecer rutinas para dormir y despertar?

Establece un horario regular: Acuéstate y despiértate a la misma hora todos los días, incluso los fines de semana. Esto ayudará a regular tu reloj biológico.

Crea una rutina relajante para acostarte: Antes de acostarte, realiza actividades relajantes como leer, tomar un baño caliente o escuchar música tranquila. Evita el uso de pantallas electrónicas, como teléfonos celulares o computadoras, al menos una hora antes de acostarte.

Asegúrate de que tu habitación sea oscura, silenciosa y fresca: La oscuridad ayuda a producir melatonina, una hormona que regula el sueño. El silencio y la temperatura fresca también ayudan a crear un ambiente propicio para el sueño.

Evita la cafeína y el alcohol antes de acostarte: La cafeína y el alcohol pueden interferir con el sueño. Evita consumirlos al menos cuatro horas antes de acostarte.

Haz ejercicio regularmente: El ejercicio puede ayudarte a dormir mejor, pero evita hacerlo demasiado cerca de la hora de acostarte.

Si no puedes dormir después de 20 minutos, levántate y haz algo relajante: Si no puedes dormir después de 20 minutos, levántate de la cama y haz algo relajante hasta que te sientas cansado. No te quedes en la cama dando vueltas.

Consulta con un médico si tienes problemas para dormir: Si tienes problemas para dormir a pesar de seguir estos consejos, consulta con un médico para descartar cualquier problema médico subyacente.

Recuerda que establecer rutinas para dormir y despertar requiere tiempo y esfuerzo.

No te desanimes si no logras resultados inmediatos. Sigue practicando y verás cómo poco a poco vas mejorando la calidad de tu sueño y tu bienestar general.

Establece rutinas para dormir y despertar y descubre los numerosos beneficios que esta práctica tiene para ofrecer a tu salud y bienestar.

Hacer una lista de logros diarios.

Celebra tus logros: La importancia y estrategias para hacer una lista de logros diarios

En el ajetreo de la vida diaria, donde las tareas y responsabilidades parecen ser infinitas, hacer una lista de logros diarios se ha convertido en una práctica simple pero poderosa para enfocarnos en lo positivo, aumentar la motivación y mejorar nuestra autoestima.

Al tomar unos minutos al final del día para reflexionar sobre nuestros logros, no importa cuán pequeños sean, estamos entrenando a nuestro cerebro para enfocarse en lo que hemos logrado en lugar de en lo que nos falta por hacer.

Esto puede tener un impacto significativo en nuestra motivación, autoestima y felicidad general.

¿Por qué es importante hacer una lista de logros diarios?

Aumenta la motivación: Al ver por escrito todo lo que hemos logrado en un día, nos sentimos más motivados para seguir adelante y alcanzar nuestras metas.

Mejora la autoestima: Hacer una lista de logros diarios nos ayuda a darnos cuenta de todo lo que somos capaces de hacer, lo que aumenta nuestra autoestima y confianza en nosotros mismos.

Reduce el estrés: Enfocarnos en lo positivo puede ayudarnos a reducir el estrés y la ansiedad.

Nos ayuda a ser más agradecidos: Al hacer una lista de logros diarios, nos tomamos un tiempo para apreciar las cosas buenas de nuestra vida, lo que nos hace sentir más agradecidos.

Nos ayuda a identificar nuestras fortalezas: A medida que hacemos una lista de nuestros logros, podemos identificar nuestras fortalezas y talentos, lo que nos ayuda a enfocarnos en lo que hacemos mejor.

¿Cómo hacer una lista de logros diarios?

Elige un momento y un lugar tranquilo: Busca un momento al final del día cuando puedas relajarte y reflexionar sobre tus logros. Puedes hacerlo antes de acostarte, mientras tomas un baño o durante tu viaje diario.

Toma un papel y un bolígrafo: Escribe la fecha en la parte superior de la página.

Anota tus logros: Toma un tiempo para pensar en todo lo que has logrado hoy, sin importar cuán pequeño sea. Puede ser algo tan simple como completar una tarea difícil, hacer ejercicio o pasar tiempo con tus seres queridos.

Sé específico: Cuanto más específico seas, mejor te sentirás acerca de tus logros. Por ejemplo, en lugar de escribir "Completé una tarea", escribe "Completé el informe de ventas para el Sr. López".

No te compares con los demás: La lista de logros diarios es para ti, no para compararte con los demás. Celebra tus propios logros, sin importar lo que los demás hayan hecho.

Agradece tus logros: Al final de la lista, tómate un momento para agradecer tus logros. Esto te ayudará a sentirte más feliz y positivo.

Guarda tus listas: Guarda tus listas de logros diarios en un lugar seguro. Puedes leerlas de nuevo en el futuro cuando te sientas desanimado o necesites un impulso de motivación.

Recuerda que hacer una lista de logros diarios es una práctica personal.

No hay una forma correcta o incorrecta de hacerlo. Lo importante es que encuentres una forma que funcione para ti y que te haga sentir bien contigo mismo.

Practicar el perdón hacia uno mismo y hacia los demás.

Abraza la paz interior: La importancia y estrategias para practicar el perdón hacia uno mismo y hacia los demás.

En el camino hacia el bienestar emocional y la paz interior, practicar el perdón se ha convertido en una herramienta fundamental para sanar heridas del pasado, liberarnos de emociones negativas y construir relaciones más sanas.

El perdón no significa olvidar lo que sucedió ni condonar las acciones de los demás.

Significa liberarnos del resentimiento, la ira y la culpa que nos atan al pasado y nos impiden seguir adelante con nuestras vidas.

Perdonar nos permite sanar nuestras heridas emocionales, mejorar nuestra autoestima y construir relaciones más positivas y significativas con los demás.

¿Por qué es importante practicar el perdón hacia uno mismo y hacia los demás?

Mejora la salud mental: El perdón reduce el estrés, la ansiedad y la depresión. También puede mejorar la calidad del sueño y fortalecer el sistema inmunológico.

Aumenta la autoestima: Cuando nos perdonamos a nosotros mismos y a los demás, nos sentimos más compasivos y comprensivos. Esto puede aumentar nuestra autoestima y hacernos sentir más seguros de nosotros mismos.

Mejora las relaciones: El perdón es esencial para construir relaciones sanas y duraderas. Cuando perdonamos a los demás, les abrimos la puerta para que nos perdonen a nosotros y para que podamos reconstruir la confianza.

Nos libera del pasado: El perdón nos permite dejar ir el resentimiento y la ira que nos atan al pasado. Esto nos libera para que podamos vivir en el presente y enfocarnos en el futuro.

Nos hace más felices: El perdón es uno de los caminos más importantes hacia la felicidad. Cuando perdonamos, nos abrimos a la posibilidad de experimentar más alegría, paz y amor en nuestras vidas.

¿Cómo practicar el perdón hacia uno mismo y hacia los demás?

Reconoce que necesitas perdonar: El primer paso para perdonar es reconocer que necesitas hacerlo. Esto puede ser difícil, pero es esencial para seguir adelante.

Acepta lo que sucedió: No puedes cambiar el pasado, pero sí puedes aceptar lo que sucedió. Esto no significa que tengas que estar de acuerdo con lo que sucedió, pero sí significa que debes dejar de luchar contra ello.

Siente tus emociones: Perdonar no significa reprimir tus emociones. Es importante que te permitas sentir tu dolor, ira y tristeza.

Deja ir el resentimiento: El resentimiento es como un veneno que nos envenena por dentro. Es importante que dejes ir el resentimiento para poder perdonar.

Ten compasión: La compasión es la capacidad de comprender y compartir los sentimientos de los demás. Cuando tenemos compasión por los demás, es más fácil perdonarlos.

Perdona de corazón: El perdón debe ser sincero y venir del corazón. Si no perdonas de verdad, el perdón no será efectivo.

Pide perdón: Si has lastimado a alguien, pídele perdón sinceramente. Esto puede ser difícil, pero es importante para reparar la relación.

Busca ayuda profesional: Si tienes dificultades para perdonar, puede ser útil buscar ayuda profesional de un terapeuta o consejero.

Recuerda que el perdón es un proceso.

No sucederá de la noche a la mañana. Se necesita tiempo, esfuerzo y paciencia.

Pero el perdón es un regalo que te haces a ti mismo.

Es la mejor manera de sanar tus heridas emocionales y construir una vida más feliz y plena.

Mantener una postura erguida.

Despierta tu postura: Beneficios y estrategias para mantener una postura erguida

En el ajetreo de la vida diaria, a menudo pasamos por alto la importancia de una buena postura.

Sin embargo, mantener una postura erguida no solo es cuestión de estética, sino que también tiene numerosos beneficios para nuestra salud física y mental.

Una buena postura nos ayuda a:

Reducir el dolor de espalda y cuello: La mala postura puede ejercer una presión excesiva sobre la columna vertebral, lo que puede provocar dolor y molestias. Mantener una postura erguida ayuda a distribuir el peso de manera uniforme y a reducir la tensión en la espalda y el cuello.

Mejorar la respiración: Una buena postura permite que los pulmones se expandan completamente, lo que mejora la respiración y la oxigenación del cuerpo.

Aumentar la energía: La mala postura puede hacer que nos sintamos cansados y agotados. Mantener una postura erguida nos ayuda a sentirnos más energéticos y alertas.

Mejorar el estado de ánimo: La postura erguida está asociada a un estado de ánimo más positivo y a una mayor autoestima.

Proyectar una imagen segura de nosotros mismos: Una buena postura nos hace ver más seguros y confiados.

¿Cómo lograr una postura erguida?

Toma conciencia de tu postura: El primer paso para mejorar tu postura es tomar conciencia de cómo te paras y te sientas. Observa cómo te posicionas cuando estás de pie, sentado o caminando.

Estira y fortalece los músculos de la espalda y el abdomen: Los músculos débiles de la espalda y el abdomen pueden contribuir a una mala postura. Realiza ejercicios de estiramiento y fortalecimiento para estos músculos.

Utiliza un soporte lumbar: Un soporte lumbar puede ayudarte a mantener la curva natural de la espalda cuando estás sentado.

Ajusta tu espacio de trabajo: Asegúrate de que tu silla y tu escritorio estén a la altura adecuada para que puedas mantener una postura erguida mientras trabajas.

Evita estar mucho tiempo sentado: Levántate y camina al menos una vez cada hora para evitar que los músculos se tensen.

Practica yoga o pilates: Estas actividades pueden ayudarte a mejorar la flexibilidad, la fuerza y la coordinación, lo que puede contribuir a una mejor postura.

Utiliza un recordatorio: Puedes utilizar una alarma o una aplicación para recordarte que debes corregir tu postura a lo largo del día.

Recuerda que mantener una buena postura es un hábito que se desarrolla con el tiempo.

No te desanimes si no ves resultados inmediatos. Sigue practicando estos consejos y poco a poco notarás la diferencia en tu salud y bienestar.

Limitar el consumo de noticias negativas.

Silencia el ruido: La importancia y estrategias para limitar el consumo de noticias negativas.

En la era de la información constante, donde las noticias nos bombardean desde todos los frentes, limitar el consumo de noticias negativas se ha convertido en una práctica fundamental para proteger nuestra salud mental y bienestar emocional.

Si bien estar informados es importante, exponernos constantemente a noticias negativas puede tener un impacto negativo en nuestro estado de ánimo, nuestros niveles de estrés y nuestra perspectiva de la vida.

¿Por qué es importante limitar el consumo de noticias negativas?

Reduce el estrés y la ansiedad: Las noticias negativas pueden aumentar nuestros niveles de estrés y ansiedad, lo que puede afectar nuestra salud física y mental.

Mejora el estado de ánimo: Limitar el consumo de noticias negativas puede ayudarnos a sentirnos más felices y optimistas.

Aumenta la productividad: El estrés y la ansiedad pueden afectar nuestra capacidad de concentración y productividad. Limitar el consumo de noticias negativas puede ayudarnos a ser más productivos en nuestras actividades diarias.

Mejora la calidad del sueño: Las noticias negativas pueden dificultar el sueño, lo que puede afectar nuestro estado de ánimo y nuestra salud física.

Nos ayuda a enfocarnos en lo positivo: Al limitar el consumo de noticias negativas, tenemos más tiempo para enfocarnos en las cosas positivas de nuestras vidas.

¿Cómo limitar el consumo de noticias negativas?

Establece límites: Decide cuánto tiempo al día quieres dedicar a ver o leer noticias. Puedes establecer un límite de tiempo diario o semanal.

Elige fuentes confiables: Busca noticias de fuentes confiables y reputables. Evita las fuentes sensacionalistas o que solo buscan generar clicks.

Sé consciente de tu consumo: Presta atención a cómo te sientes después de ver o leer noticias. Si te sientes estresado o ansioso, toma un descanso de las noticias.

No te quedes con las malas noticias: Si ves una noticia negativa, no te quedes en ella. Busca noticias positivas o historias inspiradoras para equilibrar tu consumo de información.

Realiza actividades que te hagan sentir bien: Dedica tiempo a actividades que te hagan sentir feliz y relajado, como pasar tiempo con tus seres queridos, leer un libro o practicar un hobby.

Busca ayuda profesional: Si te resulta difícil limitar el consumo de noticias negativas por tu cuenta, busca ayuda profesional de un terapeuta o consejero.

Recuerda que limitar el consumo de noticias negativas no significa ignorar lo que sucede en el mundo.

Simplemente significa ser más selectivo con la información que consumes y proteger tu salud mental y bienestar emocional.

Cultivar una actitud positiva.

Cultiva el optimismo: Beneficios y estrategias para desarrollar una actitud positiva

En el ajetreo de la vida diaria, donde los desafíos y las dificultades parecen ser infinitos, cultivar una actitud positiva se ha convertido en una herramienta fundamental para fortalecer nuestra salud mental, mejorar nuestro bienestar emocional y alcanzar nuestras metas.

Una actitud positiva no significa ignorar los problemas o fingir que todo está bien. Significa enfocarnos en lo bueno, creer en nuestras capacidades y afrontar los retos con optimismo y resiliencia.

¿Por qué es importante cultivar una actitud positiva?

Reduce el estrés y la ansiedad: Una actitud positiva nos ayuda a ver los problemas desde una perspectiva más constructiva, lo que puede reducir el estrés y la ansiedad.

Mejora el estado de ánimo: Enfocarnos en lo bueno nos hace sentir más felices y optimistas.

Fortalece el sistema inmunológico: Un estado de ánimo positivo puede fortalecer nuestro sistema inmunológico, haciéndonos más resistentes a las enfermedades.

Aumenta la autoestima: Creer en nosotros mismos y en nuestras capacidades nos ayuda a aumentar nuestra autoestima.

Nos hace más resilientes: Una actitud positiva nos ayuda a afrontar los retos y las dificultades con mayor entereza y a superar los obstáculos con más facilidad.

Mejora nuestras relaciones: Ser positivos y optimistas nos hace más agradables y atrae a personas con una actitud similar.

Nos ayuda a alcanzar nuestras metas: Creer en nosotros mismos y en nuestras posibilidades nos da la motivación que necesitamos para alcanzar nuestras metas.

¿Cómo cultivar una actitud positiva?

Rodéate de personas positivas: Pasar tiempo con personas optimistas y entusiastas te contagiará de su positividad.

Practica la gratitud: Agradece las cosas buenas de tu vida, grandes y pequeñas. Esto te ayudará a enfocarte en lo positivo y a apreciar lo que tienes.

Ayuda a los demás: Ayudar a los demás es una excelente manera de sentirte bien contigo mismo y de mejorar tu estado de ánimo.

Cuídate físicamente: Dormir lo suficiente, comer sano y hacer ejercicio regularmente te ayudará a sentirte mejor tanto física como mentalmente.

Practica mindfulness: La atención plena te ayudará a estar más presente en el momento y a disfrutar de las pequeñas cosas de la vida.

Ejercita tu mente: Lee libros, escucha podcasts o TED Talks inspiradores, y aprende cosas nuevas.

Visualiza tus metas: Dedica tiempo a visualizar tus metas y objetivos como si ya los hubieras alcanzado. Esto te ayudará a mantenerte motivado y enfocado.

Desafía tus pensamientos negativos: Cuando tengas un pensamiento negativo, pregúntate si realmente es cierto. Muchas veces nuestros pensamientos negativos son solo eso, pensamientos, y no reflejan la realidad.

Celebra tus logros: No importa cuán pequeños sean, celebra tus logros y reconoce tu progreso.

Busca ayuda profesional: Si te resulta difícil cultivar una actitud positiva por tu cuenta, busca ayuda profesional de un terapeuta o consejero.

Recuerda que cultivar una actitud positiva es un proceso que requiere tiempo y esfuerzo.

No te desanimes si no ves resultados inmediatos. Sigue practicando estos consejos y poco a poco notarás la diferencia en tu vida.

Aprender a delegar tareas cuando sea necesario.

Domina el arte de delegar: Beneficios y estrategias para delegar tareas cuando sea necesario.

En el mundo acelerado de hoy, donde las responsabilidades y las demandas parecen no tener fin, aprender a delegar tareas se ha convertido en una habilidad fundamental para optimizar nuestro tiempo, aumentar nuestra productividad y alcanzar nuestras metas.

Delegar no significa simplemente deshacerse del trabajo o eludir responsabilidades. Significa asignar tareas a otras personas de manera efectiva para que podamos enfocarnos en las actividades que más valor aportan y que mejor se ajustan a nuestras habilidades y experiencia.

¿Por qué es importante aprender a delegar tareas?

Nos permite enfocarnos en lo que es más importante: Al delegar tareas, liberamos tiempo para enfocarnos en las actividades que requieren nuestra atención y expertise. Esto nos permite ser más productivos y lograr mejores resultados.

Reduce el estrés y la ansiedad: Sentirnos abrumados por la cantidad de trabajo puede generar estrés y ansiedad. Delegar tareas nos ayuda a distribuir la carga de trabajo y a sentirnos más controlados.

Desarrolla las habilidades de los demás: Al delegar tareas, brindamos oportunidades a otros para que aprendan, crezcan y desarrollen sus habilidades. Esto puede beneficiar tanto a ellos como a la organización en general.

Fomenta el trabajo en equipo: Delegar tareas promueve la colaboración y el trabajo en equipo, lo que puede mejorar la comunicación, la motivación y el sentido de pertenencia.

Nos ayuda a alcanzar nuestras metas: Al delegar tareas de manera efectiva, podemos optimizar nuestro tiempo y recursos para alcanzar nuestras metas de manera más eficiente.

¿Cómo delegar tareas de manera efectiva?

Elige la tarea adecuada para delegar: No todas las tareas son aptas para ser delegadas. Considera la complejidad de la tarea, la experiencia y las habilidades de la persona a quien la delegarás, y el tiempo disponible.

Elige a la persona adecuada: Asigna la tarea a la persona que tenga las habilidades, la experiencia y el tiempo necesarios para completarla de manera exitosa.

Proporciona instrucciones claras y precisas: Explica claramente la tarea, los objetivos esperados, los plazos y los recursos disponibles.

Delega autoridad y responsabilidad: Brinda a la persona delegada la autoridad y la responsabilidad necesarias para tomar decisiones y completar la tarea de manera autónoma.

Establece expectativas claras: Define los criterios de éxito y establece expectativas claras sobre la calidad del trabajo y el tiempo de entrega.

Ofrece retroalimentación y apoyo: Brinda retroalimentación constructiva y apoyo a la persona delegada para que pueda mejorar su desempeño.

Confía en el trabajo de los demás: Ten confianza en las habilidades y el potencial de las personas a quienes delegas. Evita microgestionar y permíteles trabajar de manera independiente.

Reconoce y recompensa el buen trabajo: Felicita y reconoce los logros de las personas a quienes delegas. Esto los motivará a seguir haciendo un buen trabajo.

Recuerda que delegar es un proceso que requiere práctica y paciencia.

No te desanimes si no obtienes resultados perfectos al principio. Sigue practicando estos consejos y poco a poco notarás la diferencia en tu productividad, tu nivel de estrés y tu capacidad para alcanzar tus metas.

Mantenerse en contacto con amigos y familiares.

Cultiva tus relaciones: Beneficios de mantenerse en contacto con amigos y familiares.

En el ajetreo de la vida diaria, donde las responsabilidades y obligaciones parecen no tener fin, mantenerse en contacto con amigos y familiares se ha convertido en una necesidad fundamental para nuestro bienestar emocional y nuestra salud mental.

Las relaciones cercanas con las personas que nos importan nos brindan apoyo, amor, comprensión y un sentido de pertenencia, elementos esenciales para vivir una vida plena y feliz.

¿Por qué es importante mantenerse en contacto con amigos y familiares?

Reduce el estrés y la ansiedad: Pasar tiempo con nuestros seres queridos nos ayuda a relajarnos, a olvidarnos de las preocupaciones y a sentirnos más felices y tranquilos.

Mejora el estado de ánimo: Las relaciones positivas con amigos y familiares son una fuente de alegría y satisfacción.

Fortalece la autoestima: Sentirnos amados y apoyados por las personas que nos importan nos ayuda a aumentar nuestra autoestima y nuestra confianza en nosotros mismos.

Combate la soledad: El aislamiento social puede tener un impacto negativo en nuestra salud mental. Mantenerse en contacto con amigos y familiares nos ayuda a sentirnos conectados y parte de algo más grande.

Aumenta la esperanza de vida: Los estudios han demostrado que las personas con fuertes lazos sociales tienen una mayor esperanza de vida.

Nos brinda apoyo en momentos difíciles: Cuando pasamos por momentos difíciles, saber que tenemos a alguien con quien contar nos da la fuerza y el apoyo que necesitamos para seguir adelante.

Nos ayuda a celebrar nuestros logros: Compartir nuestros logros con nuestros seres queridos hace que los éxitos sean aún más especiales.

Crea recuerdos inolvidables: Los momentos que pasamos con nuestros amigos y familiares son algunos de los recuerdos más preciados de nuestras vidas.

¿Cómo mantenerse en contacto con amigos y familiares?

Haz tiempo para ellos: No importa cuán ocupados estemos, siempre podemos encontrar tiempo para las personas que son importantes para nosotros. Incluso un breve contacto telefónico o un mensaje de texto puede marcar la diferencia.

Planifica actividades juntos: Sal a comer, ve al cine, haz una caminata o simplemente pasa tiempo charlando.

Mantente en contacto a través de las redes sociales: Las redes sociales pueden ser una excelente manera de mantenerse en contacto con amigos y familiares que viven lejos.

Llama por teléfono o envía mensajes de texto: A veces, la comunicación cara a cara no es posible. En estos casos, llamar por teléfono o enviar mensajes de texto puede ser una buena alternativa.

Escríbeles cartas o tarjetas: Las cartas o tarjetas escritas a mano son un gesto personal que puede ser muy apreciado.

Visita a tus seres queridos: Si vives cerca, haz un esfuerzo por visitar a tus amigos y familiares con regularidad.

Organiza reuniones familiares: Las reuniones familiares son una excelente manera de reunir a todos y ponerse al día.

Sé un buen oyente: Cuando estés con tus amigos y familiares, presta atención a lo que tienen que decir y hazles sentir que te importa lo que te cuentan.

Ofrece ayuda cuando la necesiten: Si alguien que te importa necesita ayuda, no dudes en ofrecerla.

Sé agradecido por tus seres queridos: Expresa tu gratitud a tus amigos y familiares por su amor y apoyo.

Recuerda que las relaciones se construyen y se nutren con el tiempo y el esfuerzo.

No esperes a que sea demasiado tarde para fortalecer los lazos con las personas que son importantes para ti. ¡Empieza hoy mismo a cultivar tus relaciones y disfruta de los numerosos beneficios que esta práctica tiene para ofrecer a tu bienestar emocional y a tu felicidad!

Establecer límites de tiempo para el uso de tecnología.

Desconecta para conectar: Beneficios y estrategias para establecer límites de tiempo para el uso de tecnología.

En la era digital actual, donde la tecnología está presente en casi todos los aspectos de nuestras vidas, establecer límites de tiempo para el uso de la tecnología se ha convertido en una necesidad fundamental para proteger nuestra salud mental, nuestro bienestar emocional y nuestra productividad.

Si bien la tecnología nos ofrece numerosas herramientas y beneficios, un uso excesivo puede tener consecuencias negativas, como:

Reducción de la concentración y la productividad: El uso constante de la tecnología puede dificultar la concentración y la realización de tareas que requieren atención sostenida.

Aumento del estrés y la ansiedad: La sobrecarga de información y la constante conectividad pueden generar estrés y ansiedad.

Disminución de la calidad del sueño: La luz azul emitida por las pantallas puede interferir con la producción de melatonina, la hormona que regula el sueño.

Problemas de salud física: El uso excesivo de dispositivos electrónicos puede provocar dolores de cabeza, fatiga visual y problemas de postura.

Dificultades en las relaciones sociales: Pasar demasiado tiempo frente a las pantallas puede afectar negativamente las relaciones interpersonales.

¿Por qué es importante establecer límites de tiempo para el uso de tecnología?

Mejora la salud mental y el bienestar emocional: Reducir el tiempo que pasamos frente a las pantallas nos ayuda a sentirnos más relajados, menos estresados y más conectados con nosotros mismos y con las personas que nos rodean.

Aumenta la concentración y la productividad: Al limitar el uso de la tecnología, podemos mejorar nuestra capacidad de concentrarnos en las tareas que tenemos entre manos y ser más productivos.

Mejora la calidad del sueño: Dormir lo suficiente es esencial para nuestra salud física y mental. Limitar el uso de dispositivos electrónicos antes de acostarse nos ayuda a conciliar el sueño más fácilmente y a tener un sueño más reparador.

Fortalece las relaciones sociales: Pasar más tiempo cara a cara con las personas que nos importan fortalece nuestras relaciones y nos ayuda a sentirnos más conectados con los demás.

Nos ayuda a disfrutar del presente: Desconectarnos de la tecnología nos permite estar más presentes en el momento y disfrutar de las experiencias que vivimos.

¿Cómo establecer límites de tiempo para el uso de tecnología?

Define tus objetivos: ¿Qué quieres lograr al establecer límites de tiempo para el uso de la tecnología? ¿Reducir el estrés? ¿Mejorar tu sueño? ¿Ser más productivo?

Identifica tus hábitos de uso: Haz un seguimiento de cuánto tiempo pasas usando la tecnología cada día. Puedes utilizar aplicaciones o herramientas de control parental para ayudarte a hacerlo.

Establece límites realistas: No intentes cambiar tus hábitos de la noche a la mañana. Comienza con pequeños cambios que puedas mantener a largo plazo.

Crea un plan: Decide cuánto tiempo quieres dedicar a la tecnología cada día y en qué momentos del día.

Utiliza herramientas de ayuda: Existen aplicaciones y herramientas que pueden ayudarte a establecer límites de tiempo para el uso de la tecnología.

Comunica tus límites a los demás: Informa a tus familiares y amigos sobre tus nuevos hábitos de uso de la tecnología para que te apoyen.

Sé flexible: Es normal que haya días en los que uses más tecnología de la que habías planeado. No te desanimes y vuelve a tu plan al día siguiente.

Recompénsate: Celebra tus logros cuando cumplas con tus objetivos.

Recuerda que establecer límites de tiempo para el uso de tecnología es un proceso que requiere tiempo y esfuerzo.

No te desanimes si no ves resultados inmediatos. Sigue practicando estos consejos y poco a poco notarás la diferencia en tu salud mental, tu bienestar emocional y tu productividad.

Cultivar la humildad y la capacidad de aprender de los errores.

Cultivando la humildad: Beneficios y estrategias para aprender de los errores

En un mundo que a menudo premia la arrogancia y el éxito, cultivar la humildad y la capacidad de aprender de los errores se ha convertido en una virtud fundamental para alcanzar el crecimiento personal, el bienestar emocional y el éxito verdadero.

La humildad no significa ser sumiso o carecer de autoestima. Por el contrario, significa reconocer nuestras limitaciones, estar abiertos a nuevas ideas y tener la capacidad de aprender de las experiencias, tanto positivas como negativas.

¿Por qué es importante cultivar la humildad y la capacidad de aprender de los errores?

Nos ayuda a ser más receptivos: La humildad nos abre a nuevas ideas, perspectivas y puntos de vista, lo que nos permite aprender y crecer.

Nos hace más resilientes: La capacidad de aprender de los errores nos permite superar los obstáculos y seguir adelante con nuestras metas

Mejora nuestras relaciones: Ser humildes nos ayuda a ser más empáticos, comprensivos y tolerantes con los demás.

Nos ayuda a alcanzar el éxito verdadero: El éxito verdadero no solo se basa en los logros, sino también en el crecimiento personal y la capacidad de aprender de las experiencias.

Nos ayuda a mantener una actitud positiva: La humildad nos ayuda a evitar la arrogancia y el egocentrismo, lo que nos permite mantener una actitud positiva y enfocada en el aprendizaje.

¿Cómo cultivar la humildad y la capacidad de aprender de los errores?

Reconoce tus limitaciones: Todos tenemos limitaciones y errores. Aceptar esto es el primer paso para aprender y crecer.

Sé abierto a la crítica: La crítica constructiva puede ser una valiosa herramienta para el aprendizaje. Escucha atentamente y toma en cuenta las opiniones de los demás.

Asume la responsabilidad de tus errores: No culpes a los demás por tus errores. En su lugar, asume la responsabilidad y aprende de ellos.

Busca el aprendizaje continuo: Nunca dejes de aprender y crecer. Lee libros, asiste a cursos, conversa con personas de diferentes experiencias y perspectivas.

Rodéate de personas humildes: Rodearte de personas humildes te ayudará a cultivar tu propia humildad.

Practica la gratitud: Ser agradecido por lo que tienes te ayudará a mantener una perspectiva humilde.

Celebra los logros de los demás: Alegrarte por el éxito de los demás es un signo de humildad.

Perdona a los demás: Perdonar a los demás, incluso a ti mismo, te ayudará a liberarte de la ira y el resentimiento.

Recuerda que cultivar la humildad y la capacidad de aprender de los errores es un proceso que requiere tiempo y esfuerzo.

No te desanimes si no ves resultados inmediatos. Sigue practicando estos consejos y poco a poco notarás la diferencia en tu crecimiento personal, tus relaciones y tu éxito en la vida.

Establecer un ritual de relajación antes de dormir.

Crea tu oasis nocturno: Beneficios y estrategias para establecer un ritual de relajación antes de dormir.

En el ajetreo de la vida diaria, donde las responsabilidades y las obligaciones parecen no tener fin, establecer un ritual de relajación antes de dormir se ha convertido en una práctica fundamental para mejorar la calidad del sueño, reducir el estrés y alcanzar un estado de bienestar físico y mental.

Un sueño reparador es esencial para nuestra salud física y mental. Nos permite restaurar la energía, consolidar la memoria, regular las emociones y fortalecer el sistema inmunológico. Sin embargo, el ritmo de vida actual, el uso excesivo de dispositivos electrónicos y el estrés pueden dificultar conciliar el sueño y mantenerlo durante toda la noche.

¿Por qué es importante establecer un ritual de relajación antes de dormir?

Reduce el estrés y la ansiedad: Un ritual de relajación antes de dormir nos ayuda a calmar la mente y el cuerpo, lo que reduce el estrés y la ansiedad que pueden interferir con el sueño.

Mejora la calidad del sueño: Al preparar nuestro cuerpo y mente para el descanso, un ritual de relajación nos ayuda a conciliar el sueño más rápido, dormir más profundamente y despertarnos sintiéndonos más descansados.

Regula el ritmo circadiano: El ritmo circadiano es el reloj interno del cuerpo que regula el ciclo sueño-vigilia. Un ritual de relajación constante ayuda a regular este ritmo y a promover un sueño más natural.

Disminuye la somnolencia diurna: Dormir lo suficiente y de calidad nos ayuda a estar más alertas y con más energía durante el día.

Fortalece el sistema inmunológico: Un sueño reparador fortalece el sistema inmunológico y nos ayuda a prevenir enfermedades.

¿Cómo establecer un ritual de relajación antes de dormir?

Elige un horario y cúmplelo: Establece una hora fija para acostarte y levantarte todos los días, incluso los fines de semana. Esto ayudará a regular tu ritmo circadiano.

Crea un ambiente relajante: Asegúrate de que tu habitación esté oscura, fresca y silenciosa. Puedes utilizar una luz tenue, música relajante o aromas agradables para crear un ambiente propicio para el descanso.

Evita la cafeína y el alcohol: La cafeína y el alcohol pueden interferir con el sueño. Evita consumirlos en las horas previas a acostarte.

Realiza actividades relajantes: Antes de acostarte, dedica un tiempo a realizar actividades relajantes como leer, tomar un baño caliente, escuchar música tranquila o practicar técnicas de respiración o meditación.

Evita las pantallas: La luz azul emitida por las pantallas electrónicas puede suprimir la producción de melatonina, la hormona que regula el sueño. Evita usar dispositivos electrónicos al menos una hora antes de acostarte.

Practica técnicas de relajación: Existen diversas técnicas de relajación que pueden ayudarte a preparar tu cuerpo y mente para el sueño, como la respiración profunda, la relajación muscular progresiva o la meditación.

Sé paciente: Es importante ser paciente y constante con el establecimiento de un ritual de relajación antes de dormir. Puede llevar tiempo encontrar la rutina que mejor funcione para ti.

Recuerda que establecer un ritual de relajación antes de dormir es un proceso personal que requiere adaptación y ajuste.

Experimenta con diferentes actividades y encuentra lo que mejor te funcione para lograr un sueño reparador y alcanzar un estado de bienestar físico y mental.

Hacer pausas para comer conscientemente durante el día.

Disfruta tus comidas: Beneficios y estrategias para hacer pausas para comer conscientemente durante el día.

En el ajetreo de la vida diaria, donde las comidas a menudo se convierten en actividades apresuradas y distraídas, hacer pausas para comer conscientemente durante el día se ha convertido en una práctica fundamental para mejorar nuestra relación con la comida, promover hábitos alimenticios saludables y alcanzar un estado de bienestar físico y mental.

Comer conscientemente significa prestar atención plena a la experiencia de comer, sin distracciones, y enfocándonos en las señales internas de hambre y saciedad. Esto nos permite disfrutar mejor de la comida, saborear cada bocado y tomar decisiones más acertadas sobre qué y cuánto comer.

¿Por qué es importante hacer pausas para comer conscientemente?

Mejora la digestión: Comer con atención permite masticar mejor los alimentos, lo que facilita la digestión y la absorción de nutrientes.

Reduce el estrés y la ansiedad: Comer sin prisas ni distracciones nos ayuda a relajarnos y disfrutar de la comida, lo que puede reducir el estrés y la ansiedad relacionados con las comidas.

Promueve una alimentación saludable: Al prestar atención a las señales de hambre y saciedad, podemos comer la cantidad adecuada de alimentos y evitar comer en exceso.

Nos ayuda a elegir alimentos saludables: Comer conscientemente nos permite tomar decisiones más conscientes sobre qué comer, lo que puede ayudarnos a elegir alimentos más nutritivos y menos procesados.

Aumenta la satisfacción con las comidas: Saborear cada bocado y disfrutar de la experiencia de comer nos ayuda a sentirnos más satisfechos con las comidas, lo que puede reducir los deseos de comer entre horas.

Fortalece la conexión con nuestro cuerpo: Comer conscientemente nos ayuda a estar más en contacto con las señales internas de hambre y saciedad, lo que puede mejorar nuestra relación con la comida y nuestro bienestar general.

¿Cómo hacer pausas para comer conscientemente durante el día?

Planifica tus comidas: Dedica unos minutos al día a planificar qué vas a comer. Esto te ayudará a tomar decisiones más saludables y a evitar comer en exceso.

Crea un ambiente tranquilo: Busca un lugar tranquilo y libre de distracciones para comer. Apaga el televisor, el teléfono y el ordenador.

Siéntate a la mesa: No comas de pie ni mientras caminas. Siéntate a la mesa y disfruta de la experiencia de comer.

Presta atención a las señales de hambre: Espera a tener hambre real antes de comer. No comas por aburrimiento, estrés o ansiedad.

Come despacio: Mastica bien cada bocado y saborea la comida. No te apresures a terminar.

Presta atención a los sabores y texturas: Observa los colores, olores y sabores de la comida. Presta atención a la textura de cada bocado.

Come sin culpa: No te sientas culpable por comer lo que te apetezca. Disfruta de la comida sin remordimientos.

Escucha a tu cuerpo: Deja de comer cuando te sientas satisfecho. No te obligues a terminar todo lo que hay en tu plato.

Agradece la comida: Toma un momento para agradecer la comida que estás comiendo.

Recuerda que hacer pausas para comer conscientemente es un proceso que requiere práctica y paciencia.

No te desanimes si no lo logras a la perfección al principio. Sigue practicando estos consejos y poco a poco notarás la diferencia en tu relación con la comida, tus hábitos alimenticios y tu bienestar general.

¡Anímate a hacer pausas para comer conscientemente y descubre los numerosos beneficios que esta práctica tiene para ofrecer a tu salud física y mental!

Mantener un enfoque en tu crecimiento personal.

Cultiva tu mejor versión: Beneficios y estrategias para mantener un enfoque en el crecimiento personal.

En un mundo en constante cambio, donde las oportunidades y los desafíos son infinitos, mantener un enfoque en el crecimiento personal se ha convertido en una necesidad fundamental para alcanzar el éxito, la felicidad y la realización plena.

El crecimiento personal no se trata de llegar a una meta fija, sino de un viaje continuo de aprendizaje, autodescubrimiento y mejora. Se trata de expandir nuestras habilidades, desarrollar nuevas perspectivas, fortalecer nuestras relaciones y vivir una vida más auténtica y significativa.

¿Por qué es importante mantener un enfoque en el crecimiento personal?

Nos ayuda a alcanzar nuestras metas: Al enfocarnos en nuestro crecimiento personal, podemos identificar nuestras fortalezas y debilidades, establecer metas claras y desarrollar las habilidades necesarias para alcanzarlas.

Aumenta nuestra autoestima y confianza: A medida que aprendemos y crecemos, nos sentimos más capaces y seguros de nosotros mismos, lo que nos permite enfrentar nuevos desafíos y perseguir nuestras pasiones.

Mejora nuestras relaciones: El crecimiento personal nos ayuda a ser más comprensivos, empáticos y comunicativos, lo que fortalece nuestras relaciones con los demás.

Nos ayuda a lidiar con el estrés y la adversidad: Las habilidades que desarrollamos a través del crecimiento personal nos ayudan a afrontar mejor los desafíos de la vida, el estrés y la adversidad.

Nos permite vivir una vida más plena y significativa: Al enfocarnos en nuestro crecimiento personal, podemos descubrir nuestros valores, pasiones y propósitos, lo que nos lleva a una vida más plena y significativa.

¿Cómo mantener un enfoque en el crecimiento personal?

Establece metas: Define qué quieres lograr en tu vida personal y profesional. Tus metas deben ser específicas, medibles, alcanzables, relevantes y con un plazo determinado (SMART).

Crea un plan de acción: Divide tus metas en pasos más pequeños y manejables. Establece un plan de acción que describa qué acciones vas a tomar y cuándo las vas a realizar.

Busca oportunidades de aprendizaje: Lee libros, toma cursos, asiste a talleres y participa en actividades que te ayuden a aprender y crecer.

Sal de tu zona de confort: Enfrenta nuevos desafíos y prueba cosas nuevas. Salir de tu zona de confort te ayudará a crecer y a desarrollar nuevas habilidades.

Rodéate de personas positivas: Rodéate de personas que te apoyen, te inspiren y te motiven a alcanzar tus metas.

Practica la autoreflexión: Dedica tiempo a reflexionar sobre tus experiencias, tus logros y tus desafíos. La autoreflexión te ayudará a identificar áreas de mejora y a establecer nuevas metas.

Celebra tus logros: Reconoce y celebra tus logros, sin importar cuán pequeños sean. Celebrar tus éxitos te ayudará a mantenerte motivado y enfocado en tu crecimiento personal.

Sé paciente: El crecimiento personal es un proceso que requiere tiempo y esfuerzo. No te desanimes si no ves resultados inmediatos. Sigue practicando estos consejos y poco a poco notarás la diferencia en tu vida.

Recuerda que mantener un enfoque en el crecimiento personal es una decisión que debes tomar todos los días.

Es un compromiso contigo mismo que te permitirá alcanzar tu máximo potencial y vivir una vida más plena, feliz y significativa.

Celebrar los éxitos, grandes y pequeños, en el camino hacia el desarrollo personal.

Celebra tu éxito: El poder de reconocer tus logros en el camino del desarrollo personal.

En el viaje del desarrollo personal, donde los desafíos y las metas a alcanzar pueden parecer infinitos, celebrar los éxitos, tanto grandes como pequeños, se ha convertido en una práctica fundamental para mantener la motivación, el enfoque y la alegría en el camino.

Más allá de alcanzar la meta final, el desarrollo personal se trata de un proceso continuo de aprendizaje, crecimiento y transformación. Cada paso que damos, cada habilidad que desarrollamos y cada obstáculo que superamos es un motivo de celebración.

¿Por qué es importante celebrar los éxitos en el desarrollo personal?

Refuerza la motivación: Reconocer nuestros logros nos motiva a continuar avanzando y a perseguir nuestras metas con mayor entusiasmo.

Aumenta la autoestima: Celebrar nuestros éxitos nos ayuda a sentirnos más seguros de nuestras capacidades y a creer en nuestro potencial.

Nos ayuda a enfocarnos en lo positivo: Al celebrar nuestros logros, nos enfocamos en los aspectos positivos del proceso de desarrollo personal y dejamos de lado los pensamientos negativos y las dudas.

Nos permite disfrutar del camino: Celebrar los éxitos nos ayuda a disfrutar del proceso de aprendizaje y crecimiento, en lugar de solo enfocarnos en la meta final.

Nos inspira a seguir adelante: Al reconocer nuestros logros, nos sentimos inspirados a continuar trabajando duro y a perseguir nuestros sueños.

¿Cómo celebrar los éxitos en el desarrollo personal?

Dedica un tiempo a la reflexión: Tómate un momento para reflexionar sobre tus logros, tanto grandes como pequeños. Reconoce tu esfuerzo, tu dedicación y tu perseverancia.

Comparte tus logros con los demás: Comparte tus éxitos con las personas que te importan. Celebra con amigos, familiares o compañeros de trabajo.

Recompénsate: Regálate algo que te haga sentir bien como una cena especial, una actividad que disfrutes o un pequeño regalo para ti mismo.

Registra tus logros: Lleva un diario o crea un álbum de recortes donde puedas registrar tus logros y recordarlos en el futuro.

Agradece tus logros: Expresa gratitud por tus logros y por las oportunidades que has tenido para aprender y crecer.

Recuerda que la celebración no tiene que ser un gran evento.

Lo importante es encontrar formas de reconocer tus logros y de expresar tu alegría por el progreso que has alcanzado.

Algunas historias de Éxito...

Ejercicio Regular:

Andrea, una madre ocupada y trabajadora a tiempo completo, solía descuidar su salud debido a sus múltiples responsabilidades.

Sin embargo, después de darse cuenta de los efectos negativos de su estilo de vida sedentario, decidió hacer un cambio. Comenzó con pequeños pasos, como caminar durante su hora de almuerzo y hacer ejercicio en casa después de que sus hijos se fueran a dormir.

Con el tiempo, el ejercicio se convirtió en una parte integral de su rutina diaria. Perdió peso, ganó energía y confianza en sí misma, y descubrió una nueva pasión por el fitness. Ahora, se siente más saludable y feliz que nunca, y ha inspirado a su familia a adoptar hábitos de vida más activos también.

Meditación Diaria:

Javier solía ser una persona extremadamente estresada y ansiosa, constantemente preocupada por el futuro y agobiada por el trabajo. Después de experimentar problemas de salud relacionados con el estrés, decidió probar la meditación como una forma de encontrar calma y equilibrio en su vida.

Al principio le resultaba difícil desconectar su ménte inquieta, pero con perseverancia y práctica, comenzó a experimentar una sensación de paz interior que nunca antes había sentido.

La meditación se convirtió en su refugio diario, un tiempo sagrado para reconectar consigo mismo y encontrar claridad mental. Ahora, se siente más tranquilo, centrado y capaz de manejar los desafíos de la vida con serenidad.

Lectura Diaria:

Ana era una persona que siempre había disfrutado de la lectura, pero con el tiempo, sus hábitos de lectura se habían visto eclipsados por las demandas de su vida profesional y personal.

Después de darse cuenta de que se estaba perdiendo una fuente importante de enriquecimiento personal, decidió comprometerse a leer al menos 30 minutos al día. Incorporó este hábito en su rutina diaria, leyendo durante su tiempo libre, en el transporte público y antes de dormir.

Pronto descubrió que la lectura no solo la entretenía, sino que también expandía su mente, mejoraba su vocabulario y le proporcionaba una sensación de calma y escapismo en medio del ajetreo diario.

Ahora, la lectura es una parte esencial de su vida, una fuente constante de inspiración y crecimiento personal.

Práctica de la Gratitud:

Marcos solía ser una persona negativa y crítica, constantemente enfocada en lo que le faltaba en lugar de apreciar lo que tenía. Después de atravesar un período difícil en su vida, decidió cambiar su perspectiva practicando la gratitud diariamente.

Comenzó a llevar un diario de gratitud, escribiendo tres cosas por las que estaba agradecido cada día, incluso en los días más difíciles. Al principio le costaba encontrar cosas positivas en su vida, pero con el tiempo, su actitud comenzó a cambiar.

Se dio cuenta de que había mucho que valorar, desde las pequeñas cosas cotidianas hasta las personas que lo rodeaban. Esta práctica lo ayudó a encontrar alegría en los momentos más simples y a cultivar una actitud más positiva hacia la vida en general. Ahora, se siente más feliz, más centrado y más conectado con el mundo que lo rodea.

Ejercicios y actividades prácticas para reflexionar sobre tus hábitos actuales y establecer nuevos objetivos:

Aquí tienes algunos ejercicios y actividades prácticas que puedes hacer para reflexionar sobre tus hábitos actuales y establecer nuevos objetivos:

Autoevaluación de hábitos actuales:

Realiza una lista de tus hábitos actuales en diferentes áreas de sus vidas, como salud, trabajo, relaciones, etc.

Luego, califica cada hábito en términos de su impacto positivo o negativo en tu vida.

Finalmente, reflexiona sobre qué hábitos les gustaría cambiar y por qué.

Identificación de objetivos:

Establece objetivos claros y específicos relacionados con los hábitos que deseas desarrollar o cambiar.

Define por qué es importante cada objetivo, cuáles son los beneficios que esperas obtener y cómo te sentirás una vez que lo alcances.

Diseño de un plan de acción:

Diseña un plan detallado para implementar nuevos hábitos en tu vida.

Divide cada objetivo en pasos pequeños y alcanzables, establece fechas límite realistas y consida posibles obstáculos y estrategias para superarlos.

Visualización creativa:

Imagina cómo se verá tu vida una vez que hayas incorporado con éxito los nuevos hábitos en tu rutina diaria.

Imagínate a tí mismo disfrutando de los beneficios de tus nuevos hábitos, cómo te sentirás y cómo impactarán positivamente en diferentes áreas de tu vida.

Seguimiento y ajuste:

Lleva un registro de tu progreso a medida que trabajas en la implementación de nuevos hábitos.

Revisa regularmente tus objetivos y tu plan de acción, y realiza ajustes según sea necesario para mantenerte en el camino hacia el éxito.

Celebración de logros:

Celebra cada pequeño logro en tu viaje hacia el cambio de hábitos.

Anímate a reconocer y apreciar tu progreso, ya sea mediante recompensas personales, compartiendo tus logros con amigos y familiares, o simplemente tomándote un momento para sentirte orgulloso de tí mismo.

Estos ejercicios y actividades pueden ayudarte a reflexionar de manera profunda, establecer metas significativas y diseñar un plan de acción efectivo para implementar nuevos hábitos en tu vida.

Has llegado al final de este viaje transformador.

Un camino lleno de descubrimientos, desafíos y aprendizajes que te han guiado hacia una versión más plena y consciente de ti mismo.

Las 50 prácticas que has incorporado a tu vida han sido las herramientas para construir una nueva realidad, una realidad donde la felicidad, el bienestar y el éxito van de la mano.

Pero este no es el final, sino un nuevo comienzo.

Es el amanecer de una nueva vida donde tú eres el arquitecto de tu propio destino. Un camino donde seguirás aprendiendo, creciendo y evolucionando.

Recuerda:

- Los hábitos son el reflejo de tu identidad. Continúa cultivándolos con amor y dedicación.

- Los pequeños pasos marcan la gran diferencia. Celebra cada logro, sin importar cuán pequeño sea.

- La felicidad reside en el presente. Disfruta cada momento con plenitud y conciencia.

- Los desafíos son oportunidades para el crecimiento. Enfréntalos con valentía y resiliencia.

• Nunca dejes de aprender y explorar. La curiosidad es el motor del conocimiento.

• Rodéate de personas que te inspiren y te eleven. Elige con cuidado tu entorno.

• Agradece las bendiciones que recibes. La gratitud abre las puertas a la abundancia.

• Comparte tu luz con el mundo. Inspira a otros a ser la mejor versión de sí mismos.

• Confía en tu intuición, sigue tu corazón y vive en armonía con tus valores.

• El mundo necesita tu luz, tu talento y tu pasión.

¡Ve a conquistar tus sueños y construye la vida que siempre has deseado!

Recuerda que este libro es solo una guía, un mapa para tu viaje personal.

El verdadero camino lo recorrerás tú, con tus propios pasos y a tu propio ritmo.

¡Disfruta del viaje!

About the Author

Romina es comunicadora online, bloguera, autora y escritora en varios géneros, webmaster y marketer. También es madre, adora pasar tiempo en familia y hacer ejercicio.